A MON PÈRE, A MA MÈRE.

THÈSE DE DOCTORAT

SUR LA

PROPRIÉTÉ LITTÉRAIRE

SOUTENUE DEVANT LA FACULTÉ DE PARIS

LE 11 NOVEMBRE 1852, A MIDI ET DEMI.

PAR JULES DELASALLE,

NÉ A PARIS.

PARIS.

IMPRIMÉ PAR E. THUNOT ET Cⁱˢ,

RUE RACINE, 26, PRÈS DE L'ODÉON.

—

1852

JUGES EXAMINATEURS.

—————⊂⊃—————

PRÉSIDENT :   M. OUDOT.

SUFFRAGANTS :
{ MM. DEMANTE
      PELLAT   }, professeurs.
      PERREYVE
      Frédéric DURANTON, suppléant.

THÈSE DE DOCTORAT

SUR LA

PROPRIÉTÉ LITTÉRAIRE.

————◆————

La propriété est le droit de jouir et disposer des choses de la manière la plus absolue, pourvu qu'on n'en fasse pas un usage prohibé par les lois et les règlements (art. 544 C. Nap.).

La propriété, d'après les termes mêmes du Code, constitue donc le droit le plus étendu qu'on puisse avoir sur une chose, droit complexe de sa nature et qui peut se subdiviser en droits élémentaires.

Ces droits élémentaires sont ceux d'user, de jouir, de disposer.

L'écrivain a-t-il, d'après les principes généraux, le droit de se dire propriétaire de la pensée qu'il a émise? Ou bien, soumis seul à une législation toute spéciale, devra-t-il reconnaître que le fruit de ses veilles n'est qu'une conquête tirée du fonds commun de tous, dont la société généreuse lui permet l'exploitation pendant quelque temps, en récompense de ses efforts?

Le titre que nous mettons en tête de notre travail

indique suffisamment la solution que nous préférons. En effet, pour nous, l'expression de propriété littéraire est une expression exacte et qui doit être acceptée par les jurisconsultes, comme elle a été comprise et écrite par le législateur, c'est-à-dire comme indicative au profit de l'auteur de la somme des droits qu'il peut avoir sur l'objet qu'en dieu créateur il a mis au monde.

Cependant on conteste aujourd'hui cette position que nous faisons aux hommes de lettres d'une façon si générale, avec tant de complaisance, d'assurance et de conviction, qu'il nous semble nécessaire de rechercher avec soin ce que valent ces raisons si puissantes et si décisives qui ont formé l'opinion contraire.

La pensée, c'est la première déclaration que l'on nous fait, n'est pas l'œuvre de celui qui la met au jour; en effet, celui qui se dit auteur, ne fait que « glaner après les habiles d'entre les anciens et d'entre les modernes. » Il s'empare, sans même consulter ceux qui les ont faits, des efforts tentés avant lui, et par un effort plus hardi, plus heureux, il arrive à achever l'œuvre qu'il n'a même pas commencée. Voilà pour le point de départ : usurpation de la chose de tous à notre profit particulier.

Et si nous voulons étudier la nature de ce droit nouveau, pouvons-nous concevoir une personne propriétaire d'une idée, en jouissant, en usant, l'aliénant? Évidemment non : les produits de l'intelligence échappent à la possession individuelle; la diffusion qui leur est propre, et que l'on ne saurait empêcher, est inconciliable avec l'idée de propriété, idée d'accaparement (on emploie l'expression). Il n'y a donc pas ici de propriété, parce qu'il n'y a pas d'appropriation possible.

De plus, ce droit, si vous voulez l'admettre, il faut le déclarer perpétuel, transmissible ; or, énoncer cette conséquence du système de la propriété littéraire, c'est le condamner.

Enfin, et c'est le dernier argument que produisent les adversaires, les législations actuelles ne l'admettent pas.

L'opinion que nous adoptons répond en se plaçant à deux points de vue différents : au point de vue moral et au point de vue juridique.

Au premier point de vue la thèse est belle et facile à établir. L'idée de propriété, on l'a dit depuis longtemps, repose sur le travail : c'est la récompense du bien qu'a fait l'homme dans ses efforts couronnés de succès et dus à la partie physique ou à la partie intelligente de son être. L'œuvre, accomplie par la partie physique, de celui qui est incapable de toute autre chose, est de même prix au point de vue moral, et certainement aux yeux de Dieu que l'œuvre de l'intelligence douée de dons heureux ou cultivée avec grands soins et bonheur. Mais, sans aucun doute, le travail de l'esprit est égal, je dirai plus, est supérieur presque toujours au travail de la main, et l'on ne conçoit pas, pour raisonner comme nos adversaires, que toute une législation existe qui reconnaisse et protége l'un, qui dénie et abandonne l'autre.

A ce point de vue, le travail est au moins de même valeur : il doit être récompensé de même, c'est-à-dire être assuré d'une même protection. Que si nous quittons cette discussion toute théorique pour descendre sur le terrain de la loi, qu'y trouvons-nous? C'est que le propriétaire a le droit d'user, de jouir, de disposer.

D'user, c'est d'employer la chose à un usage qui se puisse renouveler ;

De jouir, c'est de percevoir tous les produits que peut fournir la chose ;

De disposer, c'est de faire de la chose un usage qui ne pourra plus se reproduire pour la même personne.

Le Code confère tous ces droits au propriétaire d'un objet matériel; la législation spéciale ne les accorde-t-elle pas au créateur d'une œuvre intellectuelle? « Les auteurs d'écrits en tout genre.....
» jouiront toute leur vie du droit exclusif de vendre,
» faire vendre, distribuer leurs ouvrages dans le ter-
» ritoire de la République, et d'en céder la propriété
» en tout ou en partie. » (Loi de 1793, art. 1er.) —
« Les propriétaires par succession, ou à autre titre,
» d'un ouvrage posthume, ont les mêmes droits que
» l'auteur, et les dispositions sur la propriété exclu-
» sive des auteurs et sur sa durée leur sont appli-
» cables. » (Décret du 1er germinal an XIII.)

Il résulte des citations que nous venons de faire, que l'auteur a un droit absolu et que ne sauraient détruire les objections que nous rencontrons ici, et qui consistent à ne reconnaître à l'auteur qu'un droit de copie.

Nous pensons que l'œuvre intellectuelle livrée au domaine public ne tombe pas en copropriété, qu'il en est d'elle comme de toute autre œuvre. Elle a sa partie tangible et sa partie non tangible, celle qui est appropriable et celle qui ne l'est pas; la partie appropriable se trouve dans « le mouvement que l'auteur donne à sa pensée, la forme sous laquelle il la présente ; » la partie qui n'est ni tangible, ni appropriable, c'est l'idée mère, celle-là va au domaine de tous en ce sens que tous peuvent en profiter à condition de ne pas trahir son origine ! Car s'ils venaient me faire une sorte d'emprunt forcé de ma phrase, de mon parler, de mon accentuation, en un mot de tout ce qui note et caractérise ma pensée, tout ce qui la rend sensible, oh ! alors j'aurais le droit de me plaindre.

N'en est-il pas de même de la propriété ordinaire ? je suis industriel, je fais une machine, je constate, ainsi que le veut la législation, que j'en suis l'inventeur. Des hommes intelligents, nos contradicteurs par exemple, se présentent, voient ma machine, cherchent sa composition : ils la trouvent bien, ils ont pu prendre l'idée de ma découverte, le moyen de la reproduire ; mais ont-ils le droit de réaliser cette occupation d'une nouvelle sorte qu'ils viennent de créer dans leur discussion ? Certes non, et du reste la loi est là qui les frapperait s'ils venaient à exécuter ce qu'ils ont vu chez moi. Cette première objection détruite, passons à une autre. Nous travaillons sur le fonds commun : mais permettez, il est des choses *nullius* qui ne sont à personne, mais qui deviennent la propriété du premier occupant, soit que ces choses n'aient appartenu à personne, soit qu'elles aient été abandonnées. Dira-t-on que l'État est copropriétaire avec l'occupant : personne, que je sache, ne l'a jamais soutenu. L'auteur est justement dans cette position, il occupe et d'une autre manière que cet autre dont vous garantissez l'occupation ; et il n'est déjà pas si facile d'occuper le champ de l'intelligence en ses parties encore inexplorées, Horace nous le dit, et nous pouvons l'en croire,

Difficile est proprie communia dicere.

L'auteur pour lequel nous réclamons la protection de la loi a été assez heureux, du moins le croit-il, pour en arriver au but si difficile qu'il poursuivait ; et cependant dans votre système vous lui en faites un crime.

Ce n'est pas tout ce que vous lui dites, et c'est ici un des meilleurs arguments de l'opinion que nous combattons, vous voulez qu'il y ait un droit de propriété pour l'auteur ; alors consentez-le perpétuel, et en le consentant sans limite, reconnaissez qu'ici du moins vous êtes en désaccord avec la loi de la matière.

Nous ne déclarerons pas la propriété littéraire perpétuelle, parce que la loi spéciale s'y oppose : autrement nous le ferions sans hésiter ; mais nous dirons que le législateur, par cette limitation du droit des auteurs, a prononcé par avance une expropriation pour cause d'utilité publique ; et nous respecterons sa volonté, quelque justes que soient les critiques que nous croyons avoir à lui adresser : *lex dura, sed lex.* Ce que nous ferons remarquer, c'est que cet argument, qu'on est si heureux de nous opposer, n'a pas la moindre valeur. La question de durée est tout à fait indépendante de celle de la propriété, et ce serait mal raisonner que de poser un principe conçu dans les termes suivants: De ce qu'à un jour donné, une chose cessera d'être à la disposition complète, absolue, exclusive d'une personne ou de ses ayants cause, cette chose ne peut être l'objet d'un droit de propriété; un tel principe, s'il était admis, ne tendrait à rien moins, on le voit, qu'à la suppression de toute propriété. Le législateur, que nous accusions tout à l'heure à l'occasion de cette délimitation, si anormale, si arbitraire, n'est pas tombé dans cette confusion; il a déclaré par la loi de 1793 que le droit exclusif résiderait chez l'auteur, malgré la perte certaine que ses cessionnaires en éprouveraient à un jour préfixé, et la loi de 1810 lui a garanti à lui, à sa femme, à ses ayants cause, la propriété temporaire, limitée de ses œuvres. Si en dehors du texte, nous voulions rendre sensible par un argument d'analogie l'opinion que nous émettons, nous n'aurions qu'à nous placer sur le terrain du droit commun. Propriétaires d'un fonds de terre ou d'une maison, nous sommes tous exposés à la fortune de l'expropriation pour cause d'utilité publique; or si on exproprie par avance, il faut déclarer le droit de propriété perdu du jour où l'expropriation a été prononcée; car de ce jour-là on n'a plus un véritable droit de propriété, si votre raisonnement est juste; le droit n'est plus perpétuel, et il doit l'être pour être celui d'un propriétaire. Allons plus loin: supposons pour un instant le rédacteur du droit privé dans les idées du rédacteur spécial de la matière qui nous occupe, déclarant que tous les produits de nos travaux réalisés devront, après nous, faire retour à l'État, enlevant aux héritiers, qu'il admet aujourd'hui jusqu'au douzième degré, le bien sacré de la famille ; nous voilà dans la même position que celui qui se croit propriétaire d'une œuvre intellectuelle. Abdiquerons-nous le titre de propriétaire? personne de nous n'y songera ; pourquoi le ferions-nous pour l'œuvre intellectuelle, puisque nous avons sur elle tous les droits les plus étendus que puisse avoir un homme sur la chose qui est à sa disposition.

Enfin les législations voisines de la France, qui s'inspirent d'ordinaire de nos lois, ne l'admettent pas sous ce titre, avec le sens et le caractère que nous lui voulons donner ; cette dernière considération, grave et puissante, si elle est puisée dans la réalité des faits, mérite d'être étudiée: pour le faire d'une manière qui satisfasse aux désirs de l'intelligence et aux besoins de la question, passons en revue sur ce point les législations étrangères.

Et d'abord commençons par la Belgique. Dans ce pays, avant sa jonction à la France, on y admettait la propriété perpétuelle; depuis qu'elle a cessé d'être une de nos provinces, elle a admis la propriété temporaire avec les mêmes règles que chez nous, soumise par conséquent à la même expropriation.

En Néerlande, la législation qui préceda son union avec la France a revécu.

Dans le pays de Bade, pour combler la lacune que nous signalons dans le Code français, on a intercalé un titre tout entier sur la propriété littéraire: art. 577, la propriété s'étend non-seulement au manuscrit, mais encore à son contenu.

En Prusse (11 juin 1837), le droit est exclusif pour

l'auteur toute sa vie, et après sa mort pendant trente ans pour ses héritiers.

La Saxe, dans la pensée que la perpétuité de la propriété littéraire était contraire à l'intérêt public, a suivi l'exemple des autres législations : droit exclusif toute la vie de l'auteur, continué trente ans après sa mort.

Le Code de Sardaigne, en son article 440, reconnaît que « les productions de l'esprit sont la propriété de leur auteur. »

La loi autrichienne a reconnu l'erreur où elle était ; elle proclamait jadis, elle aussi, qu'il n'y avait pas de propriété ; elle est revenue sur ses pas, et la première, que nous sachions, elle a nettement déclaré (19 octobre 1846) que la production littéraire constitue pour le créateur une propriété : et partant de ce principe, dont elle sait arrêter les conséquences devant l'intérêt général, elle prononce l'expropriation comme la Saxe, comme la Prusse, trente ans après la mort de l'auteur.

La législation espagnole, après bien des doutes, bien des hésitations, en est arrivée à proclamer hautement qu'il y avait propriété d'une œuvre littéraire, et elle étend jusqu'à cinquante ans la jouissance qu'elle en laisse aux héritiers de l'auteur (10 juin 1847).

Le Portugal doit être rangé du côté du système qui admet l'expression de propriété littéraire ; en 1838, un article de la charte la reconnaissait et la garantissait sous ce nom, et, en 1841, un projet était converti en loi, inspiré et rédigé dans cette idée : propriété exclusive pour l'auteur, trente ans pour les ayants cause.

La Russie (règlement de 1830) reconnaît à tout auteur le droit exclusif d'éditer ses ouvrages pendant sa vie, à tous ses ayants cause un droit semblable pendant vingt-cinq ans.

L'Angleterre seule est dans les idées de nos adversaires : elle ne se sert pas du mot de *propriété*, elle dit droit de copie, de reproduction (copy-right) accordé pendant un certain temps, qui sera plus ou moins long suivant l'époque où l'œuvre aura été produite. Cette position de l'Angleterre, nous la comprenons très-bien. Malgré les chefs-d'œuvre qu'elle a produits, elle est commerçante, et foncièrement : ses législateurs sont toujours inspirés, dominés, dirigés par une idée de spéculation. Ils n'ont pas dû se soustraire à cette influence quand ils ont fait la loi spéciale de notre matière, ils ne s'y sont pas soustraits. Ils ne concevaient d'utilité à une œuvre littéraire que dans la reproduction qui en pouvait être faite, parce que là seulement ils auraient le remboursement de leurs peines. Ils ont calculé approximativement le temps nécessaire pour se remplir de leur travail donné à cette œuvre, et ce calcul fait avec la conscience d'honnêtes commerçants désintéressés dans la question qui se débat, ils ont fait les lois que nous connaissons sous les noms d'acte de Georges III, du 29 juillet 1814; d'acte de Guillaume IV, du 9 septembre 1835; de *the copy-right bill*, du 1er juillet 1842. On peut se convaincre de l'exactitude de notre appréciation si l'on veut prendre la peine de lire le discours de M. Macaulay, qui fait remarquer que le temps de jouissance doit être plus ou moins long suivant l'âge de l'auteur et l'époque de la mise au jour de l'ouvrage.

Les législations étrangères nous paraissent donc toutes, même la législation anglaise par sa dissidence, nous donner gain de cause.

Dans un troisième système, on prend des argument à droite et à gauche pour former une opinion médiatrice qui ne nous paraît pas soutenable et même peu intelligible; nous ne nous arrêterons pas à l'examiner, qu'il nous suffise de dire qu'elle établit une copropriété entre l'auteur et le domaine public et cherche, sans pouvoir y réussir, à les faire sortir d'indivision de la manière la plus conforme aux droits de chacun.

Pour nous, nous déclarons que la propriété littéraire nous paraît la plus sainte, la plus sacrée de toutes, celle qui mérite le plus la protection du législateur, mais qu'elle doit être soumise à une expropriation et que le jour de cette expropriation ne devrait pas être marqué d'avance. On devrait ici, comme en matière civile, organiser un jury composé d'hommes spéciaux et compétents qui décideraient toutes les questions relatives à l'expropriation en matière de propriété littéraire.

Ils devraient encore prononcer le prix de l'expropriation; car du jour où on enlève à l'auteur le fruit de son intelligence, on lui prend un droit de propriété très-appréciable et dont on lui doit tenir compte. Ainsi en agit-on déjà vis-à-vis certaines créations de l'esprit : lorsqu'un remède nouveau est reconnu utile, efficace, le gouvernement l'achète,

aux termes du décret du 18 août 1810, pour en faire
jouir la société tout entière. Eh bien! quand un livre
serait jugé d'intérêt public, le gouvernement l'acquer-
rait de la manière que nous avons dite et la jouissance en deviendrait générale.

Nous devions, avant même d'aborder l'histoire de
la législation littéraire, traiter cette question importante et controversée de la propriété des œuvres in-
tellectuelles, puisque la solution que nous lui donnons entraîne celle de beaucoup d'autres et des plus
importantes en cette matière.

HISTOIRE.

La propriété littéraire est de tous les temps comme
elle est de tous les pays. Dès lors, en effet, qu'une
pensée a pu être émise et son émission constatée,
elle a pris naissance, c'est-à-dire qu'elle est aussi
ancienne que la société elle-même. Toutefois, de
longtemps on ne sentit le besoin des formalités que
nous exigeons aujourd'hui et qui sont encore insuffi-
santes.

L'intérêt moral était seul en jeu alors, l'émission
gratuite que faisait l'auteur de son ouvrage, la diffi-
culté de la reproduction et les frais considérables de
copie étaient un empêchement insurmontable à ce
que l'intérêt pécuniaire y pût être engagé. On disait
dans ce temps-là : la gloire pour les poëtes et non pas
la fortune. Jusqu'au quinzième siècle il en fut ainsi,
c'est là du moins un point de vue historique généra-

lement admis et que nous acceptons quant à nous, dominé peut-être malgré nous par ce que nous voyons de nos jours, la fortune pour les hommes de lettres et non pas « toujours » la gloire, faute de textes suffisants pour passer à l'opinion adverse, tant il nous semble douteux que l'antiquité s'en soit tenue à la position singulière que nous lui faisons.

La Grèce reconnaissait à ses auteurs la propriété de leurs œuvres : elle veillait sur eux; elle les récompensait ou les punissait suivant le mérite et l'à-propos de leurs œuvres; elle les comblait même d'honneurs et de dignités : ainsi Phrynicus et Sophocle devinrent généraux de ses armées pour avoir su noblement exprimer les sentiments qui devaient animer des militaires. Varron et Athénée nous transmettent ces deux faits : En un mot, dit Plutarque (*De Glor. Ath.*), si on faisait le compte de ce que coûta aux Athéniens chacune de leurs tragédies, on trouverait qu'ils ont plus dépensé « pour en jouer cinq » que pour obtenir, par la guerre, la liberté et l'empire; mais nous ne saurions dire au juste qu'elle était la situation légale de l'auteur en ce pays; nous avouons que la phrase de Cicéron à Atticus (1), λόγοισιν Ἑρμόδωρος ἐμπορεύεται, Hermodore trafique de discours, nous semble de trop mince importance pour que nous osions en faire le fondement d'un système. Il y avait bien des libraires à Athènes et ailleurs; mais qu'étaient-ils? reproduisaient-ils ce que nous appelons chez nous nos cabinets de lecture? On serait porté à le croire d'après le récit de la conversion de Zénon,

---

(1) XIII, 21.

qui se consacra à l'étude de la philosophie pour avoir
été vivement frappé par la lecture faite chez un libraire d'un ouvrage de Cicéron (1). N'étaient-ils que
des commerçants, « ignorant leur propre langue,
connaisseurs seulement en fait de trafic? » Cette dernière opinion nous paraît la plus probable, nous
n'osons cependant pas la garantir : et fût-elle exacte
que la question de propriété littéraire ne serait pas
encore engagée puisque nous ne connaîtrions pas plus,
que nous ne les connaissons, les droits des auteurs.

À Rome, leur position ne se dessine pas d'une façon
beaucoup plus nette et plus précise; la législation
générale est muette, il n'existe pas de législation spéciale; le peu de renseignements que nous fournit
l'antiquité nous vient des auteurs et, nous devons le
dire, on n'est pas d'accord sur l'interprétation des
passages qui ont trait à notre question : Vendaient-ils
ou ne vendaient-ils pas leurs ouvrages? question
importante et dont la solution entraînerait celle du
problème qu'il ne nous est pas donné de résoudre.
Nous avons déjà donné quelques raisons pour la négative, nous en ajouterons et de plus décisives.

Si les auteurs vendaient les ouvrages, ils en rece-
vaient un prix plus ou moins élevé qui leur assurait
une existence indépendante ; ils pouvaient donc
suivre leurs penchants et ne devaient pas être obligés
à une conduite sans cesse contradictoire avec leurs
écrits.

On ne s'explique pas autrement les éloges d'Horace
pour l'empereur, qu'il combattit et que plus tard il

---

(1) Diog. Laert., l. VIII, p. 164.

institua héritier, voulant sans aucun doute que sa
fortune retournât à celui de qui il la tenait, non plus
que la reconnaissance complimenteuse que professe
pour César ce Juvénal, dont on ne cesse de vanter la
force, la verve et l'indignation républicaine et sati-
rique; l'admiration si surprenante de Martial, Quintilien et Stace pour le vertueux Domitien. (Stace lui
devait une villa au pied de la colline d'Albe.) Par là,
nous pouvons nous rendre un compte exact du prix
que Térence attachait à l'amitié protectrice de Fu-
vius, Lélius et Scipion; Phèdre à celle d'Eutyche,
Pardicus et Phidélius, affranchis de la cour de Claude;
Valère Maxime à celle du favori de Tibéré, Sextus
Pompée; Pline le naturaliste à celle de Titus et de
Vespasien qui le recevait tous les matins avant le le-
ver du soleil. En effet, sans ces secours, les auteurs
qui n'avaient pas de fortune personnelle auraient dû
se faire garçons de bains, mitrons, délateurs ou
faux témoins. Juvénal, qui nous fait cet aveu, semble
nous donner le secret de ce qui paraît si inconsé-
quent, si étrange dans sa conduite. Nous ne voulons
pas déclarer par là que cette spéculation fît seule les
écrivains de Rome; loin de nous une pareille pensée,
nous croyons seulement qu'elle fut un motif d'écrire,
et notre pensée nous semble reposer sur une certitude quand nous nous rappelons Horace s'écriant
que la pauvreté l'a fait poëte :

> Paupertas impulit audax
> Versus ut facerem;

Quand nous pensons à Pline fournissant à Martial
les frais d'un voyage que celui-ci va faire par amitié

et reconnaissance des vers qui ont été composés à sa louange (lettre 21 de son 3ᵉ livre);

Surtout quand songeant à la clientèle des grands et des riches d'alors, nous lisons la satire que se permet Lucain contre l'avarice d'un prêteur qu'il avait suivi au loin et dont il n'avait rien reçu.

Si les auteurs ne vendaient pas leurs ouvrages, il y avait cependant à Rome un négoce de librairie, et qui rapportait à ceux qui l'exerçaient de très-gros bénéfices.

Nous sommes certain de ce résultat pour les libraires par les nombreux passages que nous fournissent à cet égard tous les écrivains de Rome, soit qu'ils cherchent à rassurer leurs éditeurs sur la vente qu'ils leur garantissent fructueuse d'un ouvrage qu'ils ont retouché et dont il faut anéantir les copies déjà faites, comme Cicéron le fait dans sa treizième lettre de son troisième livre à Atticus ; soit qu'ils veuillent montrer par là l'opinion qu'ont d'eux les hommes instruits, les acheteurs d'ouvrages, comme les paroles que Martial place dans la bouche de Lucain :

> Sunt quidam qui me dicunt non esse poetam
> Sed qui me vendidit, bibliopola putat;

soit enfin qu'ils montrent la position qu'occupe chez un libraire un livre de mérite, comme Horace dans son *Art poétique*, pour l'œuvre qui réunit tous les éléments de perfection qu'il vient d'analyser :

> Hic meret œra liber sociis ; hic et mare transit
> Et longum noto scriptori prorogat œvum.

De plus, on l'a déjà fait remarquer, ces deux vers

tracent nettement la position de l'auteur et de l'éditeur : pour le libraire les profits pécuniaires, pour
l'auteur la célébrité.

Quand nous prenons l'auteur à la table d'un grand,
son convive et son ami, nous le voyons dans la position qu'il désirait occuper. Mais pour en arriver là, il
lui fallait travailler pour se faire connaître, vivre
pour travailler ; il naît de là une seconde question
assez difficile à résoudre.

Aussi en présence de cette position si précaire que
nous faisons aux auteurs, hésitons-nous à croire qu'elle
fût la leur. Autrement, on pourrait dire d'une manière
générale, que l'auteur vendait lui-même ses œuvres au
libraire ; que celui-ci, qui avait à ses ordres un grand
nombre d'écrivains et de copistes, reproduisait à ses
frais les ouvrages des auteurs qui s'étaient adressés
à lui ; et ainsi s'expliqueraient le passage où Suétone
(cap. viii) écrit que le grammairien Andronicus fut
forcé, par le besoin, de vendre un livre qu'il venait de composer, et celui où Sénèque raconte les
prétentions du libraire Dorus à la propriété des
œuvres de Cicéron (vii, 6, *De ben.*). On comprend
alors les visites que les libraires font aux auteurs,
les sollicitations qu'ils leur adressent, et la remise
qu'ils en obtiennent de travaux à publier. Pline le
Jeune met au jour quelque chose, parce qu'il le faut,
que les libraires le lui demandent (iii, 6) ; or le fait-
il *honoris gratiâ?* Nous n'osons le nier. Quintilien
donne au libraire Éryphon la publication de ses
Institutiones oratoris, vaincu par ses sollicitations.
De quelle nature étaient-elles ? Pour les auteurs tra-
giques ils n'en agissaient pas ainsi : ils vendaient

2

très-bien leurs pièces aux comédiens; c'est là un fait certain. Ainsi Stace, pour avoir du pain, composait des tragédies; Juvénal nous révèle le fait.

La propriété existe donc bien réellement; avait-elle une sanction? Nous n'en voyons pas de trace dans les lois romaines. On concevait bien la distinction qui séparait l'œuvre intellectuelle, des papyrus où elle avait été tracée avec un roseau; mais on s'arrêtait là. En ce seul cas, lorsqu'on avait écrit ses comptes sur le papier d'autrui, on pouvait, par une action *ad exhibendum*, obtenir la remise du papier, opérer le relevé des comptes y déposés; mais pour les lettres, celles même en or, elles suivaient le sort de la charte et allaient au propriétaire de celle-ci. Les auteurs étaient d'ailleurs sans protection : ils se plaignaient bien des vols commis à leur préjudice. Travaillant pour la gloire et la considération, ils cherchaient à écarter des mauvaises pensées et des coupables actions, par la menace du déshonneur et du mépris; mais c'était le seul moyen qu'ils eussent de garantir leur œuvre de toute atteinte usurpatrice. Que l'on avertisse donc notre Celsus de fouiller ses propres richesses et de respecter les écrits qu'Apollon a reçus dans son temple, de peur que, pauvre corneille dépouillée de ses couleurs d'emprunt, il ne devienne un objet de risée publique. Mais ce sont là des raisons morales impuissantes contre des gens à pareils procédés. Aussi Martial s'écrie avec amertume, mais aussi avec grande vérité : *impones plagiario pudorem!* Les plagiaires sont sans pudeur!

Or, à cette époque, le plagiat était surtout pratiqué, et cela se conçoit aisément.

Ainsi, pour nous résumer, la propriété littéraire
est reconnue, mais elle est infructueuse et désarmée
pour l'auteur. Le libraire seul l'exploite; mais pour
lui encore il nous semble que nous devions nous au-
toriser du silence des lois pour la déclarer inerte
entre ses mains. Une seule question s'agite alors,
celle du préjudice moral qui se juge par l'opinion
publique; elle est toujours invoquée par l'auteur, qui
est ou se croit en droit de se plaindre.

Rome était pour ainsi dire le soleil du monde entier; aussi à sa disparition se fit-il de par les régions
de la science une obscurité des plus complètes et des
plus longues. A peine, pendant des siècles, quelques
rares intelligences d'élite, modestement cachées
sous l'humble habit des moines, purent-elles de
temps à autre jeter quelque lumière sur ces temps
du moyen âge, et entretenir, avec une admirable et
pieuse persévérance, le culte littéraire. Aussi pendant cette époque il est inutile de songer à fixer la
propriété d'œuvres littéraires qui se produisirent en
petit nombre, et dans des conditions telles que
l'honneur et l'intérêt de l'auteur n'étaient pas en
question.

Cependant, l'éclipse prit fin, et la découverte
de Gutenberg et Schœffer, qui coïncide avec la
renaissance, rendit nécessaire, indispensable la protection de la propriété littéraire. Non pas que son
existence se lie d'une manière intime avec le
moyen incomparable de reproduction qui a nom
imprimerie; mais c'est qu'avant cette si aisée et si
rapide mise en circulation des travaux de l'intelligence, il y avait un respect forcé des droits d'un

auteur, les reproductions étaient si lentes et si dis-
pendieuses !

Au seizième siècle, il n'en est plus ainsi : il faut
songer aux produits de l'intelligence et du génie et
leur apporter sécurité et protection.

La royauté, attentive à tout ce qui peut assurer le
bien-être du pays aussi bien qu'élever sa considération, commence par s'occuper de l'imprimerie dont
elle favorise et encourage les efforts.

En 1513, Louis XII délivre en quelque sorte des
lettres de noblesse aux imprimeurs par l'exemption
qu'il leur accorde de tous services réels et de tous
impôts et contributions, et ce, attendu la considération d'un grand bien qui est advenu au royaume au
moyen de l'art et science d'impression.

François 1er, par ses lettres patentes confirmées en
1516 et 1543, les exempte de service militaire hors
le cas de péril imminent.

Puis vient la réglementation de ce corps d'état.

Henri II, en 1547, ordonne aux imprimeurs de
mettre leurs noms avec leurs enseignes en tête de
leurs livres et de n'imprimer que dans leurs officines
publiques et non occultes, sous peine de confiscation
de corps et de biens. L'ordonnance de Moulins de
1566, en son article 78, défend à toutes personnes
d'imprimer ou de faire imprimer aucun livre ou
traité sans congé et permission de l'autorité et lettres de priviléges expédiées dans le grand conseil.

La propriété littéraire existe, elle est reconnue,
constatée entre les mains de l'auteur ou du cessionnaire par l'obtention du privilége, mais elle n'est
pas encore protégée. Un règlement de 1618 comble

cette lacune, par la défense qu'il fait aux libraires et aux imprimeurs et même aux relieurs de contrefaire les livres, pour lesquels il y avait eu obtention de privilége.

En 1649 Louis XIV s'occupe de l'imprimerie, et dans un édit ou il énumère le dommage matériel que causent les contrefaçons, le danger qu'il y a pour les lettres à ce que les impressions se fassent mal, le péril pour la profession à être exercée comme elle l'est alors, il rédige des articles, qui doivent remédier à tous ces excès de l'époque.

En 1664, par application des dispositions contenues en cet édit, Malanis et Lamotte, libraires à Rouen, sont condamnés par arrêt du conseil à 6,000 fr. de dommages-intérêts, et par corps pour délit de contrefaçon.

On alla même plus loin : cette sanction qui permettait de poursuivre les contrefacteurs devant le conseil du roi, fut plus forte encore, et en 1723 un règlement intervint qui prononça l'application de certaines peines à la contrefaçon, comme la déchéance de la maîtrise, l'interdiction du commerce de l'imprimerie, voire même des peines corporelles. Il y avait là un système qui, malgré ses imperfections, était de beaucoup supérieur à celui qui nous régit. En effet, la loi de 1793 a fait naître une foule de questions qui, pour la plupart, étaient tranchées et de la façon la plus équitable. Le privilége n'est donné que pour un temps, mais il se renouvelle pour celui qui l'a déjà obtenu et pour les hoirs et non pour des étrangers « sans *peine ni déchéance* ; » c'est, dit-on, une « formalité dont l'accomplissement est aisé. »

Le droit de propriété est donc admis comme il doit l'être franchement, largement, incontestablement. Bientôt même on ne discutera plus la durée du droit : l'article 5 du règlement de 1777 accorde ce privilège à perpétuité à l'auteur et à ses hoirs.

Ce même règlement, porte, à propos de la contrefaçon des livres, une peine de 6,000 fr. pour la première fois, pareille amende et déchéance d'état pour la seconde fois, mise au pilon des ouvrages contrefaits.

En un seul endroit cette législation donne prise à la critique, c'est quand elle restreint le privilège à la vie de l'auteur, en cas de cession, par celui-ci, de son droit à un libraire; il y a là une contradiction regrettable qui ne saurait s'expliquer.

Toutefois, disons-le, cette législation protectrice, qui valut au roi, de la part de l'Académie française, l'expresssion manifestée hautement et à deux reprises de sa reconnaissance, avait en elle tous les éléments de la perfection. Des jurisconsultes étrangers, mieux inspirés que les nôtres, y sont venus puiser des principes et des articles tout rédigés qu'ils ont naturalisés chez eux. Quant à nous, rompant avec toutes les idées du passé, sans tenir compte des progrès accomplis par le temps et l'expérience de nos devanciers, nous avons sur cette question, comme malheureusement sur bien d'autres, fait un pas en arrière. Puisse l'avenir réparer cette faute, et réaliser, à cet égard, les améliorations possibles.

Depuis la loi de 1793, qui, sauf quelques modifications, régit encore principalement la propriété littéraire, nous rencontrons trois textes : un décret

du 5 février 1810 qui confère à la femme, sa vie du-
rant, le droit de propriété sur les ouvrages de son
mari, et aux enfants le même droit pendant vingt
ans ; le Code pénal, qui, dans ses articles 425 et
suivants, consacre la propriété des œuvres de l'intelligence, et porte des peines contre ceux qui vou-
draient y porter atteinte ; enfin la loi du 3 août 1844,
qui accorde aux veuves et héritiers des auteurs dra-
matiques, pendant vingt ans, le droit de représentation.

Telles sont les textes que nous avons à examiner
maintenant. Nous le ferons par l'étude successive
des droits de l'auteur, des conditions qu'il doit remplir pour pouvoir exercer ses droits, enfin de la sanction qui leur est donnée, tant au point de vue de la
réparation civile que de la répression pénale.

DES DROITS DE L'AUTEUR.

Nous l'avons déjà dit, ses droits sont ceux d'un
propriétaire : user, jouir, aliéner. Mais avant de
déterminer et préciser chaque position particulière
où peut se trouver l'auteur, examinons de plus près
l'objet de son droit, l'œuvre littéraire.

Qu'est-ce qui constitue une œuvre littéraire ? Tout
ce qui est le produit de la pensée d'un écrivain :
un recueil, une compilation, une traduction aussi
bien qu'une tragédie ou qu'un traité scientifique. Des
additions faites sur un ouvrage du domaine public
attribuent un droit de propriété, et nous pensons
qu'elles n'ont pas à former le quart de l'ouvrage ; que

l'arrêt de règlement de 1777, qui contenait cette exigence pour accorder protection et garantie, n'est plus applicable aujourd'hui. Les leçons orales forment, pour le professeur, une propriété que l'on doit respecter en s'abstenant de les imprimer ; telle est du moins la position que nous semble lui faire la législation actuelle ; nous ajoutons toutefois que l'Angleterre nous paraît considérer avec quelque raison que la rémunération étant donnée au professeur dans un but d'utilité publique, le droit de reproduire son discours ou sa leçon appartenait à tout le monde (acte de Guillaume IV, 1835). Ce que nous venons de dire des leçons et des discours s'applique également aux réquisitoires, plaidoyers et sermons, même au titre d'un ouvrage, en un mot à tout ce qui est le résultat d'un travail intellectuel.

L'œuvre littéraire forme-t-elle une propriété mobilière ou une propriété immobilière ? Une propriété mobilière, évidemment ; ainsi du moins le pensons-nous, après un de nos maîtres, M. Duranton, et ne ferons-nous, tant cette solution nous paraît logique, qu'énoncer les opinions que nous avons rencontrées et qui voient là, les unes un droit mobilier par détermination de la loi, les autres un droit immobilier.

L'œuvre littéraire peut appartenir à un particulier, à une corporation, à l'État, au domaine public :

A un particulier : nous n'aurions qu'à citer de nouveau la loi de 1773 ; nous passons donc ;

A une corporation : la loi n'y est pas contraire, et le décret du 6 thermidor an II ne laisse pas de doute à cet égard, quand il attribue à l'État les manuscrits des corps savants dont il prononce la dissolution ;

Au domaine public : quand le terme de l'expropriation légale est arrivé, qu'un auteur a renoncé à sa propriété en sa faveur, qu'un ouvrage a paru sans nom d'auteur ou que le dépôt n'a pas précédé l'émission de l'ouvrage.

L'État peut être propriétaire, et l'intérêt est grand de lui donner ce caractère, parce qu'alors il devient simple particulier et peut agir comme tel; nier qu'il pût en être ainsi, ce serait dire qu'à défaut des particuliers tout va au domaine public et devient par conséquent sujet à la jouissance commune; ce serait obliger l'État à une publicité immédiate et lui enlever la possibilité de rendre souvent de grands services. Notre système amène, dit-on, la spéculation en des mains qui doivent la favoriser, ne la pratiquer jamais. C'est là un résultat possible que le législateur devra prévenir, mais qui nous semble de trop mince importance pour empêcher cette propriété exclusive que nous voulons faire reconnaître.

Comment arrive-t-elle à l'auteur? Ici nous rencontrons les principes de droit civil que nous appliquerons à notre sujet, ainsi que leurs conséquences : les modes d'acquisition sont originaires ou dérivés.

Originaires, quand l'homme tient de lui-même l'objet qu'il met dans son patrimoine; en fait de biens matériels, ce mode s'appelle occupation; en fait d'œuvres de l'esprit, il s'appelle création.

Ce premier mode nous semble indiscutable, et l'obligation du dépôt ne détruit en rien notre opinion. En effet, dans les biens matériels, toutes les fois qu'il peut y avoir discussion sur la propriété de ces mêmes biens, le législateur prévoyant établit

certaines règles qu'il faut observer. On prend date
pour ainsi dire sur la chose qui est vôtre. Ainsi on
peut être propriétaire véritablement et perdre, faute
d'avoir rempli certaines prescriptions, son droit de
propriété. Le dépôt place le créateur d'une œuvre intellectuelle dans cette position : Vous avez fait un
travail et vous désirez la garantie de la loi, eh bien!
faites ce qu'elle vous demande, constatez d'une manière certaine le droit que vous avez. Car, il faut
bien le remarquer, le droit de propriété réside chez
l'auteur alors même qu'il ne dépose pas; seulement
il réside en lui inerte, inefficace, désarmé.

Les modes dérivés sont les actes de dernière volonté exprimée ou présumée, les aliénations à titre
gratuit, les aliénations à titre onéreux, le terme qui
saisit le domaine public.

Passons en revue chacun de ces modes.

Les actes de la dernière volonté exprimée ou présumée nous placent aux chapitres des successions
testamentaires ou *ab intestat*.

L'auteur doit, pour être capable de transmettre,
réunir les qualités exigées pour tout testateur; voilà
quant à lui.

L'héritier prend ces biens dans la succession comme
tout autre bien en dépendant, sous la condition cependant de voir ce droit lui échapper au bout de
dix ans, de vingt ans, de ne pouvoir le transmettre.
A-t-il des cohéritiers? alors il lui faut sortir d'indivision et partager l'œuvre littéraire comme il fait des
autres choses de la succession, et le partage s'étendra
même aux manuscrits trouvés dans sa succession.
On ne s'arrêtera pas devant cette considération qui

a séduit quelques jurisconsultes et qui ne voit dans les manuscrits d'un *de cujus* que des papiers de famille. Une considération, en effet, est un motif d'examiner, d'approfondir davantage; ce n'est pas une cause de résoudre, de décider. Or ici, cette considération, puissante il est vrai, ne se rencontrera que rarement : l'homme de lettres, l'homme de science surtout, laissent la plupart du temps toute leur fortune en portefeuille, et l'opinion qui ne tiendrait ce portefeuille que comme un papier de famille, que l'on ne saurait à qui donner s'il ne se trouve que des frères en cause, constituerait pour quelques personnes un véritable privilége contraire à l'égalité des parts, aux règles de l'équité, au texte de la loi.

Privilége inadmissible en fait parce qu'il serait la plupart du temps une cause de haines, de luttes domestiques, qui auraient certes leur raison d'être.

Oh! s'il y avait un motif décisif ou un texte pour soustraire à quelques copartageants la connaissance ou même le soin de la publication d'un ouvrage, nous n'hésiterions pas à nous prononcer autrement que nous le faisons; nous n'en voyons pas : nous pensons toutefois que si le testateur avait confié à un ami le soin de la publication, on devrait respecter cette exigence de l'auteur, et que l'on devrait attendre la publication, que l'on pourrait accélérer, de l'œuvre qui n'a pas encore vu le jour.

Bien plus, cette considération qu'il peut y avoir là quelque chose de sacré, qui ne doit être remis, confié qu'à certaines personnes désignées par le *de cujus*, nous ferait décider, en l'absence de texte (il est formel dans notre sens), et sans hésitation aucune, que la donation faite entre-vifs ne serait sujette qu'à un rapport en moins prenant. Et ici, après cette première solution contestée, disons que ce rapport se ferait pour nous, d'autres l'opèrent autrement, d'après la valeur qu'avait l'œuvre donnée et non pas d'après sa valeur au jour où s'ouvre la succession. Faisons sentir la différence des deux systèmes. Un ouvrage, un de ceux qui passent vite, est donné en 1840 à Primus : le donateur meurt en 1850 après trois éditions faites par le donataire. Quand Secundus, viendra comme cohéritier de Primus, réclamer le rapport qui lui est dû aux termes de l'art. 843, Primus aura-t-il satisfait à la loi s'il fait la déclaration suivante : l'ouvrage vaut aujourd'hui (année 1850) 10,000 fr. ? Secundus ne pourra-t-il pas objecter avec succès : mais l'ouvrage valait 50 ou 60,000 fr. quand il vous a été donné. Nous croyons l'objection de Secundus très-fondée, et nous lui donnons gain de cause, parce qu'ici ce ne sont pas des fruits ordinaires que ces sommes que vous tirez d'un ouvrage dont vous faites des éditions, c'est un produit qui porte une atteinte très-grave à la propriété, atteinte telle qu'au jour où le rapport s'effectuerait avec le système contraire, un homme qui devrait une fortune considérable à l'émission d'un ouvrage, qu'il aurait reçu de la manière que nous supposons n'aurait pas de rapport à effectuer. Notre solution est encore la même, qu'il y ait eu ou qu'il n'y ait pas eu un inventaire.

Enfin si le père a, par un acte entre-vifs ou testamentaire, mis l'œuvre littéraire dans le lot des enfants, dans cet acte plus que dans tout autre, il faut admettre que l'œuvre devra rester aux mains de celui qui la tient du père répartiteur. Et en effet, il est le meilleur juge du soin, de l'attention, du talent, car il en faut, que tel de ses héritiers apportera à la publication de son ouvrage, parce que, mieux que tout autre, il connaît leurs goûts, leurs caractères, leurs intelligences. — S'il y a eu aliénation, le donataire en rapportera le prix. — L'héritier prend donc l'œuvre littéraire, pourvu qu'il remplisse toutes les conditions que prescrit le Code Napoléon, et sous la réserve des solutions spéciales que nous venons d'indiquer.

Mais pour les prendre, que doit-il être lui-même? Héritier, c'est-à-dire successeur de la personne, selon la loi civile. Nous ne donnons pas au terme *héritiers* ce sens restreint; nous croyons que dans l'esprit des législateurs il a été opposé à *cessionnaires*, et qu'il indique tous les acquéreurs à un titre gratuit et non onéreux. Il nous semble donc qu'on doit déclarer que les enfants naturels succéderont comme les collatéraux. Cette opinion, contestée et très-vivement, nous paraît si équitable, que le texte fût-il douteux, elle devrait être acceptée. Le texte est favorable. Un auteur laisse à sa mort deux fils légitimes, deux fils naturels; un manuscrit est dans ses papiers, travail de sa vie entière, chef-d'œuvre inestimable. Un prix très-élevé en est donné et accepté des enfants légitimes. Leur est-il acquis tout entier, et ne sera-t-il pas communiqué aux enfants naturels, qui n'ont rien trouvé dans la succession? Non. Mais alors ils mourront de misère auprès de leurs frères, heureux déjà d'avoir un nom; et pourquoi? Les droits qu'il tient des articles 757 et suiv., il ne pourra pas les exercer : il se verra écarté de ce bien de succession, sans qu'on ait de loi à invoquer au moment où il se présente le titre à la main. Si l'enfant n'est pas héritier, c'est-à-dire saisi, c'est que le législateur a eu en vue un double but, celui de punir le coupable qu'il ne pouvait atteindre, si ce n'est dans la personne de l'innocent, qu'il avait un moyen de frapper; celui de prévenir la discorde intérieure, qui ne manquerait de sortir de la rencontre d'intérêts contraires, entre des frères légitimes et illégitimes. Il n'a pas voulu par là, il ne le dit nulle part, réduire l'enfant naturel à certains biens, lui défendre certains autres. Or, comme l'œuvre littéraire constitue un bien, que le mot *héritier* comprend, nous le croyons, les successeurs irréguliers comme les successeurs réguliers, il a droit au produit de l'œuvre, il en a la propriété à défaut d'enfants légitimes; en tous cas, il peut invoquer le bénéfice de la loi de 1810, et jouir pendant vingt ans.

La question des collatéraux se tranche comme celle des enfants naturels.

Nous avons épuisé le chapitre des successions; pour toutes les autres difficultés que nous rencontrons, elles sont résolues par la loi générale. Nous quittons donc ce chapitre pour celui des aliénations à titre gratuit.

Des règles spéciales sont exigées pour les donations, des formalités nombreuses, en un mot un code de procédure en petit, afin d'assurer la liberté des contractants, de sauvegarder l'intérêt des familles, de garantir les droits des tiers. Toutes ces précautions légales n'ont d'efficacité, tout le monde

est d'accord aujourd'hui sur ce point, que pour celui qui veut faire un acte de donation. Si l'on veut
s'affranchir de toutes ces prescriptious, on le peut
aisément, par les donations manuelles, les donations
par remise de titres, les donations déguisées sous la
forme de contrats à titre onéreux; la loi peut être
éludée, violée impunément. Quelques jurisconsultes
sauront même trouver dans cette violation une raison de soustraire les biens ainsi donnés aux lois dont
ils relèvent. Pour le rapport, par exemple, on dira
que la donation déguisée sous la forme d'un contrat
à titre onéreux est virtuellement dispensée du rapport, comme si mille raisons plus mauvaises les
unes que les autres n'avaient pas pu suggérer cette
coupable disposition : tels le désir de ne pas payer
au fisc les droits qu'il prélèverait sur une donation,
la crainte d'amener du trouble dans la famille, dont
l'union ne survivrait probablement pas à l'avantage
fait au profit d'un seul de ses membres. Heureuse-
ment la jurisprudence, constante désormais sur ce
point, déclare le rapport exigible, comprenant que
le testateur, assez versé dans la science du droit pour
en savoir éluder les règles, saurait bien aussi, si
telle était son intention, rédiger dans un acte posté-
rieur, comme un testament, la clause expresse que
réclame l'article 843.

Toutes les formes de donation que nous venons
de signaler peuvent être employées dans une donation d'œuvres littéraires, ajoutons qu'elles ne se font
presque jamais autrement que par la remise du manuscrit. Cet usage est devenu si général et la jurisprudence le sanctionne avec une si grande constance

par la reconnaissance qu'elle fait de la validité des
dons manuels, qu'il nous semble devoir être converti
en règle et que l'on doive dire que la remise d'un manuscrit équivaut à un titre. Nous savons que cette règle
nous force à une excursion sur les actes à titre onéreux ;
nous la plaçons cependant dès maintenant parce que
commune à ces deux modes d'acquisition, elle est surtout attaquée au point de vue de celui que nous examinons. Et pourquoi ? La possession de bonne foi n'est-elle
pas pour celui qui l'a un moyen de défense péremp-
toire, quand elle s'applique à un objet mobilier ? Or s'il
en est ainsi, comme on reconnaît que l'œuvre littéraire
est un meuble, on doit admettre que le possesseur d'un
manuscrit peut s'abriter derrière l'article 2279. Nous
disons s'abriter ; en effet, l'importance de la question
est précisément dans le rôle que chacun a par suite
de cette règle « possession équivaut à titre. » Il en
résulte que le possesseur n'a rien à prouver, son ad-
versaire doit établir le vol, la perte, le prêt. A défaut de
cette preuve de la part du demandeur, le manuscrit
sera maintenu au possesseur, *facilius est rei quam acto-
ris partes implere.* La jurisprudence est fixée à cet égard
dans notre sens. Un auteur, Broussais père, avait
remis de la main à la main un manuscrit à Montègre.
Celui-ci le publia malgré le fils de Broussais. Un pro-
cès surgit de cette publication ; la cour de Paris dé-
cida que la détention d'un manuscrit emportait pour
le détenteur présomption de propriété, et elle main-
tint à Montègre le droit de publication et tous ses
avantages. On s'empare à tort, dans l'opinion contraire, d'un arrêt de 1816 qui annula une donation
littéraire. Cet arrêt déclare que s'il s'agissait d'un

don entre-vifs, l'acte serait inattaquable: mais qu'il est question d'une donation à cause de mort. Nous ne pouvons, quant à nous, saisir la distinction de la Cour: nous nous contenterons donc de faire remarquer que cet arrêt n'est pas aussi formel qu'on le prétend et que sa date, et surtout son contexte singulier, ne permettent pas de le mettre en opposition avec les arrêts récents, qui admettent la propriété fondée sur la remise du manuscrit.

L'examen de cette question nous conduit naturellement à l'étude du mode dérivé de l'acquisition à titre onéreux. Ce mot dérivé se divise en acquisitions, qui proviennent d'actes volontaires et en celles qui proviennent d'actes imposés.

Pour la cession volontaire, trois conditions sont à remplir, il faut être capable d'aliéner, capable d'acquérir, il faut être d'accord pour que la transmission s'opère.

Commençons par la capacité d'aliéner et étudions d'abord celle de la femme.

Non mariée, la femme est maîtresse de ses droits, libre de ses actions, soustraite à tout contrôle.

Mariée, elle aliène pour ainsi dire au profit de son mari l'exercice de tous ses droits, qu'elle ne pourra plus faire valoir désormais sans l'autorisation de ce tuteur de son choix. Dans la matière qui nous occupe, pourra-t-elle aliéner seule le fruit de ses travaux intellectuels? certainement non. Pourra-t-elle les publier? pas davantage; et nous ne saurions admettre l'opinion adverse, qui va jusqu'à trouver dans le refus du mari une injure suffisante pour motiver une demande en séparation de corps! Les tribunaux eux-mêmes rencontreraient là une question qui échapperait à leur appréciation. Disons pourquoi: c'est que la femme mariée porte un nom, elle appartient à une famille qu'elle ne doit pas pouvoir compromettre; elle serait exposée à le faire, si on la laissait juge de l'opportunité et de l'utilité de sa publication. C'est que, l'œuvre fût-elle parfaite, au double point de vue moral et intellectuel, que sa publication pourrait à elle seule (appelez cela un préjugé, j'y consens, c'en est un, mais que je comprends, que j'admets pour ma part), pourrait constituer à elle seule, aux yeux de certaines gens, de certaines familles, une honte, un déshonneur domestique, c'est enfin, que les travaux littéraires donnent aux femmes, qui se les permettent, entrée dans un monde élégant, aimable et facile, que les maris doivent fort redouter. Voilà quant à la raison morale; quant à la thèse juridique, elle est des plus faciles à établir: pour publier, il faut traiter avec un imprimeur, un éditeur, elle ne peut le faire sans être habilitée par son mari; à supposer qu'elle ait les moyens de se passer d'imprimeur, d'éditeur, il faut qu'elle se dessaisisse de son ouvrage, devenu par son émission, un objet très-appréciable; or elle ne peut se dessaisir de quoique ce soit sans autorisation maritale; elle ne peut donc éditer sans autorisation, et nous avons déjà dit que les tribunaux ne peuvent la suppléer. Il est des exemples au code de choses que ne peut faire la femme sans son mari. Ainsi pour le commerce, l'article 4 du code spécial porte: « La femme ne peut être marchande publique sans le consentement de son mari ». En effet, le commerce est un acte

d'une nature toute particulière, qui peut convenir à
certains esprits, déplaire à certains autres, passer
aux yeux de certaines personnes comme une cause
de déconsidération et peut-être une source de scan-
dales. Eh bien, toutes ces raisons ne se retrouvent-
elles pas à un bien plus haut degré contre la femme
auteur; car en définitif, l'honneur, la réputation, la
considération de la famille sont bien plus engagées
par celle-ci, qui fait le courtage de l'œuvre de son
esprit, que par la femme commerçante, qui trafique
de nos besoins et de nos caprices.

La femme, qui se marie peut-elle disposer, au profit de son conjoint, des ouvrages qu'elle a déjà composés? Cette question, dont l'affirmative est admise
par tous les auteurs, semble tenir de plus près aux
actes de libéralité qu'aux actes à titre onéreux; cependant, le caractère mixte de ces actes nous a permis de la rappeler ici, et encore d'y traiter la question
très-controversée du droit de la femme au cas où le
contrat de mariage garde le silence à cet égard. Trois
opinions se sont produites sur ce sujet; voyons d'a-
bord celles que nous n'adoptons pas. La première
exige une clause expresse pour donner des droits au
conjoint, et croit trouver la justification de son exigence dans l'article 39 du décret de 1810 qui déclare
le droit de propriété garanti « si les conventions matrimoniales en donnent le droit. » Cette opinion oublie, ce nous semble, que la communauté légale a
été écrite pour ceux qui n'ont pas rédigé de contrat,
que toutes les dispositions y relatives sont comme
autant de clauses que le législateur a, dans sa pré-
voyance, placées au contrat de ceux qui n'en ont pas

de leur fait. Or, l'art. 1401 1° déclare que tous les biens meubles tombent en communauté ; comme la propriété littéraire est un bien meuble, aux termes de cet article, elle est un bien de communauté ; c'est là une solution donnée par M. Duranton, et que nous tenons pour inattaquable.

La seconde opinion reconnaît que le droit de propriété littéraire est un droit meuble, mais qu'il ne tombe pas en communauté, que les règles du Code, sur ce régime matrimonial, ne s'appliquent pas, que l'art. 39 crée pour la femme un privilége auquel la communauté légale donne droit. Le raisonnement de ceux qui défendent cette opinion est contradictoire dans ses termes ; vous dites : le droit est mobilier, mais avec des caractères tout particuliers qui ne permettent pas qu'il tombe en communauté ; donc il ne sera pas bien de communauté ; cependant l'art. 39 du décret de 1810 constitue au profit de la veuve un privilége pour le cas où ses conventions matrimoniales lui en donnent le droit ; or, la communauté légale lui donne un droit sur les biens mobiliers de son mari, donc elle pourra jouir de l'avantage que lui fait l'art. 39. De deux choses l'une, ou le droit est mobilier, et alors il tombe en communauté, et la femme trouve dans l'art. 39 une faveur que nous aurons à examiner tout à l'heure ; ou bien le droit n'est pas mobilier, et il ne tombe pas en communauté et l'art. 39 contient un privilége sans cause, sans raison, sans explication ni justification possible. Pour nous, il y a là un droit mobilier qui tombe en communauté, et nous ne craignons pas de dire que le principe posé par l'art. 39 amène des conséquences imprévues. Les enfants, par exemple, pourront avoir un droit d'indivision indéfini, et encore leur droit complet de vingt ans. En effet, le droit est garanti à la veuve si ses conventions matrimoniales ne s'y opposent pas, et de la façon qu'elles le lui règlent, ce droit de survie est commun au mari comme à la femme. La rédaction de l'art. 39 ne saurait nous faire adopter un autre sens; le législateur y a parlé le langage de l'usage, du *quod plerumque fit.* Nous pourrions citer mille articles où on s'exprime de cette manière et où on n'hésite pas à trancher la question comme nous le faisons ici; *vim potius legis, quam verba illius tenere.*

Enfin, la femme autorisée par son mari peut-elle toujours aliéner le produit de ses travaux intellectuels? La loi le lui défend si elle est mariée sous le régime dotal; elle pourra alors exploiter son œuvre avec l'autorisation de son mari, mais elle ne pourra pas la céder en tout ni en partie; si elle le faisait, l'art. 1560 lui donnerait, ainsi qu'à son mari, une action en révocation de la cession consentie.

Sont encore incapables, dans une certaine limite, le mineur émancipé ou non émancipé, l'interdit, l'assisté d'un conseil judiciaire, le faible d'esprit placé dans une maison d'aliénés. Tous ces êtres juridiques n'ont pas la pleine capacité civile et ne peuvent publier leurs ouvrages que complétés par ceux qui ont charge de les assister. Les règles à suivre à leur égard sont celles du Code civil; nous n'aurons donc pas à en parler, non plus que de l'incapacité d'acquérir et de l'accord nécessaire pour que le dévestissement de l'un amène le vestissement de l'autre.

Une seule question est à examiner sur cette dernière condition. Qu'est l'accord des parties et comment doit-il être interprété? D'une manière restric-
tive dans l'intérêt du vendeur, ou d'une manière
plus large d'après les principes généraux de la loi
civile? Cette dernière opinion est celle que nous
adoptons.

La cession d'une œuvre intellectuelle comprend
évidemment tous les avantages matériels qui s'y rat-
tachent, droits d'exploitation et de cessions ulté-
rieures! Celui qui aliène une chose fait de cette chose
un usage tel qu'il ne doive rien espérer de cette même
chose, et on ne comprend pas une vente d'une chose
qui n'aboutirait, pour l'acheteur, qu'à une acquisition partielle. La jurisprudence s'est décidée aussi
dans le sens de l'affirmative parce que l'art. 1793
consacrant le droit pour l'auteur de céder la propriété de ses ouvrages en tout ou en partie, elle a
reconnu que si celui-ci voulait stipuler quelque réserve à son profit, il devait la stipuler d'une manière
expresse, qu'à cet égard il fallait suivre les règles du
droit commun qui interprètent les clauses douteuses
contre le vendeur. Et, en effet, on ne peut pas dire
que l'artiste est un homme qui ignore le droit : au
point de vue juridique nul n'est censé ignorer la loi,
et en fait beaucoup la connaissent à fond, et ceux qui ne
la connaissent pas se peuvent faire assister, conseiller
par des jurisconsultes. On ne peut pas non plus invoquer cette sorte de paternité de l'auteur qui repous-
serait comme non présumable, à défaut de clause
expresse, la cession du droit de reproduction, pour
les tableaux, par exemple; l'auteur, s'il avait l'in-

tention de veiller sur ses œuvres aux mains d'autrui,
pouvait s'en réserver le droit, il ne se l'est pas réservé,
et il veut se faire un titre de son silence ; j'avoue que
sa raison me touche peu, alors surtout que je songe
à l'intérêt de l'acquéreur qui est engagé à ce que la
reproduction se fasse dans de bonnes conditions. Si
encore cette réserve devait satisfaire son sentiment
d'affection, mais l'acheteur peut, c'est incontestable,
en laisser prendre des copies à des amis, qui peut-être
causeront grand dommage à sa renommée d'auteur !
On ne peut pas enfin citer à l'appui de ce système des
exemples de fait, c'est là une manière de raisonner
qui ne vaut rien parce qu'elle peut se modifier à chaque exemple nouveau que l'on rencontre. Du reste,
aux suppositions d'affection, d'intention, que l'on
prête à l'auteur contractant, nous opposons la réalité des faits ; nous trouvons l'acquéreur, s'il est
homme du monde, qui court les œuvres originales
et qui achète d'autant plus cher qu'il se croit seul
propriétaire d'un exemplaire unique en son genre ;
s'il est commerçant, qui calcule déjà le produit probable de l'objet qu'il n'a acheté que pour le revendre
et qui compte bien en retirer tous les avantages, qui
y sont attachés.

L'accord doit-il être constaté par écrit ? Si on ne
voulait pas sortir des termes de l'art. 3 de la loi du
19 juillet 1793, il semblerait qu'on n'en devrait admettre l'existence que s'il était établi de cette façon.
Nous ne le pensons pas. L'art. 3 donne un moyen
d'action qui doit être prompt pour être efficace. Je
suis auteur, je prétends qu'un éditeur publie, sans
être mon ayant droit à ce, un de mes ouvrages. L'of-

ficier de paix se rend chez lui, et il arrête la publication si celui-ci n'a pas d'écrit qui émane de moi :
mais il faut bien remarquer que la question de propriété n'est pas tranchée; c'est là une sorte d'action
préjudicielle ; pour que l'auteur fasse reconnaître
utilement, au point de vue moral comme au point de
vue matériel, que l'éditeur n'a pas le droit de mise
au jour, il faut qu'il puisse prévenir l'émission :
quant à l'éditeur, il a moins à perdre à cette non-
publication, qui n'est pour lui qu'une question pu-
rement pécuniaire, il valait donc mieux le faire attendre, car le dommage, s'il en éprouve, pourra
être complétement réparé par les dommages-intérêts
qui lui seront alloués. L'officier confisquera donc, et
ensuite l'auteur et l'éditeur porteront leur réclama-
tion respective devant les tribunaux qui admettront
tous les genres de preuve de droit commun.

Nous n'avons parlé jusqu'ici que de cession volontaire, mais nous avons déjà énoncé la cession forcée,
imposée à l'auteur : en propriété ordinaire, cette
cession peut être commandée par deux intérêts différents : celui de l'État, procédant des besoins généraux; l'intérêt des créanciers, ayants droit de l'auteur.

L'État ne saurait ici, sous la législation actuelle,
poursuivre l'expropriation d'un auteur : il s'est en-
levé ce droit-là par cette autre expropriation qui fixe
un délai à la propriété de l'auteur et ordonne, à l'arrivée de ce délai, la mise au domaine public de l'ouvrage exproprié; la Cour de cassation a déclaré que
l'État ne pouvait invoquer ici la raison d'utilité publique et a maintenu à l'auteur son droit absolu de

réimpression ; mais elle l'a fait par ce motif que la loi n'autorise pas en cette matière l'expropriation pour cause d'utilité publique; on le voit : nous adoptons l'opinion de la Cour, nous répudions sa raison de décider.

La cause du refus que nous faisons à l'État de se faire céder par un auteur l'ouvrage que celui-ci a fait, est aussi celle du refus, que nous lui faisons de se faire consentir la cession de ce même ouvrage par les héritiers ou ayants cause de l'auteur, car pour ceux-ci également le jour de l'expropriation est marqué d'avance.

Les créanciers ont une action générale sur tous les biens de leurs débiteurs, qui sont le gage commun de leurs créances (art. 92-93); pourront-ils étendre leur action aux œuvres littéraires? L'affirmative nous paraît certaine, qu'il s'agisse d'ouvrages encore en manuscrits ou d'ouvrages déjà publiés : cette opinion est celle de M. Nion, en son traité sur les droits d'auteurs; nous la partageons complétement, mais nous ne nous associons pas aux regrets qu'il place à la suite de la question des ouvrages inédits sur la législation de France et aux éloges qu'il donne au règlement de Russie qui ne permet pas la publication d'un manuscrit pendant la vie de l'auteur sans son consentement. L'homme honnête est celui qui s'acquitte de ses dettes ; celui qui ne paye pas, quand il le peut est un homme coupable, et tous les moyens à son égard sont bons à employer, s'ils ne choquent pas la conscience et la loi. La loi, M. Nion reconnaît qu'elle est favorable au système, puisqu'il l'adopte. La conscience, de quoi se blesserait-elle davantage,

de voir un auteur qui par des raisons plus ou moins
spécieuses, de fait, la plupart du temps, pour ne pas
payer ses créanciers, garder en son portefeuille des
manuscrits d'une valeur certaine et dire à ses créanciers : J'ai une valeur bien supérieure à votre créance,
mais j'ai de par la loi le moyen de ne pas vous payer
et de garder cette valeur ; ou de voir des créanciers,
honnêtes fournisseurs en général, à qui on ne peut
reprocher qu'une confiance trop grande, obligés
d'attendre, de perdre peut-être le prix de leurs
créances !

Maintenant hâtons-nous d'ajouter que nous rai-
sonnons dans l'hypothèse d'un manuscrit, et que
nous nous plaçons en face d'un auteur ; s'il s'agissait d'un auteur et de papiers de famille, d'un homme
du monde et d'un essai de roman ou de tragédie,
nous déciderions autrement ; mais qu'on le remar-
que, nous ne parlerions plus alors de propriété littéraire.

Le dernier mode dérivé est le terme qui saisit le
domaine public, c'est-à-dire l'acquisition de plein
droit, que fait la société entière de l'ouvrage d'un
auteur, un certain nombre d'années après sa mort.
Ce mode de transmission n'existe pas contre l'auteur,
non plus que contre ceux qui éditent pour la première fois l'ouvrage d'autrui ; pour le rencontrer, il
faut nous mettre en présence de leurs ayants cause :
leurs enfants, héritiers, épouse, cessionnaires. Les
enfants héritent, non pas parce qu'il faut un détenteur à chaque objet, qui se trouve dans une succession
et que le fils est préféré à tous autres, mais parce que
les enfants tiennent de leur naissance un droit incon-

testable à la fortune de leurs parents. En effet, dans l'ordre matériel, le père doit laisser à celui qu'il a mis au monde une fortune nécessaire à son existence dans la limite de ce qui lui est possible, de même que, dans l'ordre moral, il doit lui donner un nom, et un nom environné d'estime et de considération. C'est là pour le père une dette sacrée, qui n'est pas exigible, avec la législation que nous avons, qui devrait l'être. Les enfants héritent donc, mais pour un temps seulement : au bout de vingt ans, ils cessent d'être propriétaires, ils sont remplacés par le domaine public.

Mais ils restent propriétaires pendant vingt ans, qu'ils soient légitimes, illégitimes ou même adoptifs : la loi de 1793 ne fait aucune espèce de distinction à cet égard, et le décret de 1810 n'en fait pas davantage.

Pour l'enfant adoptif, *loco filii habetur*, et il doit, d'après les termes et l'esprit de la loi, jouir de tous les avantages qu'aurait eus l'enfant légitime (350, C. N.). Quant à l'enfant naturel reconnu, ou bien il est en concours avec des enfants légitimes, ou il se présente seul; s'il est en concours, il a droit à une jouissance de vingt ans : cette première solution est admise par tous les jurisconsultes; s'il n'est pas en concours avec des enfants légitimes, on lui accorde une jouissance de dix ans seulement, par la raison que le siége de la matière est à la loi de 1793, que le texte de cette loi n'accorde que dix années et que le décret de 1810 ne s'applique qu'aux enfants légitimes. Il y a là une évidente contradiction; de deux choses l'une, ou bien le siége de la matière est à la loi de 1793 pour les enfants naturels, et ils n'ont droit qu'à une jouissance de dix ans; ou bien il faut admettre que le décret de 1810 peut être invoqué dans l'espèce et accorder, comme nous le faisons, vingt années de jouissance. Et d'abord, la loi de 1793 n'est pas le siége unique de la matière; les adversaires le reconnaissent, puisque, dans un certain cas, ils appliquent le décret de 1810. Ensuite, on examinant le caractère des droits de l'enfant naturel, qu'y trouvons-nous? Art. 757: « Le droit de l'enfant naturel est, s'il y a des enfants légitimes, d'un tiers de la portion héréditaire que l'enfant naturel aurait eue s'il eût été légitime, il est de la moitié lorsque les père et mère ne laissent pas de descendants, mais des ascendants ou des frères et sœurs; il est des trois quarts lorsque les père et mère ne laissent ni descendants, ni ascendants, ni frères ni sœurs. »

Nous y trouvons la conciliation constamment opérée par le législateur entre l'intérêt du mariage et l'humanité; et comme conséquence de ce système, le règlement opéré de la part de l'enfant naturel, qu'on place toujours en face de celle qu'il aurait eue s'il eût été légitime; c'est un encouragement et une récompense donnés au mariage! Légitime, vous auriez partagé avec votre frère légitime; naturel, vous n'aurez que le tiers de ce que vous auriez eu, un sixième seulement. Si l'enfant naturel n'est pas en concours avec des frères et sœurs, on réglera encore sa part d'après celle qu'il aurait eue légitime; et enfin, s'il se présente seul héritier, il sera traité comme un enfant légitime. Ainsi devra-t-on faire en notre matière, et par conséquent, il faut en tout cas lui reconnaître un droit de jouissance égal en durée à celui qu'ont les enfants légitimes, auxquels il est assimilé en dernier lieu, sauf pour lui à subir un partage qui n'est pas imposé aux enfants légitimes ; ceux-ci, en effet, excluent les ascendants comme les collatéraux. Cette restriction, apportée au droit de succession, doit être maintenue dans les termes de la loi, et il nous semble que ce serait l'étendre, l'aggraver que d'ajouter à cette obligation de concours avec des ascendants, des collatéraux, la seule imposée par la loi, cette autre obligation pour eux, d'accepter comme nécessité juridique une réduction de dix ans.

De suite, nous résolvons une question que l'on nous peut adresser sur la position que nous ferons aux collatéraux, si nous perpétuerons leurs droits pendant vingt ans ? Nous n'en agirons pas ainsi ; en face des ascendants ou collatéraux, l'enfant naturel aura la moitié ou les trois quarts des produits des œuvres littéraires, trouvés dans la succession de l'auteur commun pendant dix ans ; les dix ans écoulés, il aura la jouissance complète, exclusive des mêmes œuvres pendant dix autres années, et ce, en vertu de l'art. 758, qui porte : « L'enfant naturel a droit à la totalité des biens, lorsque ses père et mère ne laissent pas de parents au degré successible. » Reste un argument de texte ; le décret de 1810, nous dit-on, ne porte que : « leurs enfants. » Or, il est probable qu'il s'agit des enfants légitimes ; ce n'est là, permettez-moi de vous le faire observer, qu'une présomption qui ne s'appuie sur rien du tout. Gram-

maticalement, *leurs enfants*, signifie les enfants du
mari comme ceux de la femme, comme les enfants
communs, et juridiquement ce n'est évidemment
qu'un renvoi à la loi de 1793. Ainsi, du moins, nous
semble-t-il qu'il faille voir ce texte. De cette manière,
on évite la contradiction évidente, palpable du système que nous répudions, et on arrive à un résultat
plus conforme à l'équité, et j'ose le dire, plus conforme à la loi générale, et aussi à la loi spéciale de
la matière.

Au sujet du même texte du décret de 1810, qu'on
veut interpréter d'une façon très-étroite, on déclare
encore que l'expression, *leurs enfants*, a été écrite
par le législateur dans le but d'exclure les petits-enfants; mais on oublie deux choses en raisonnant ainsi:
la première, c'est que le mot *enfants* est un terme
générique qui comprend les petits-enfants; l'art. 914
le dit expressément; la seconde, c'est que les petits-
enfants jouissent du droit de représentation; or, tout
le monde sait que la représentation est une fiction
de la loi qui fait revivre le *de cujus* en ses enfants, et
qui attribue à ceux-ci tous les droits, actions et priviléges que le père aurait s'il vivait encore.

Les collatéraux et les ascendants ont un droit de
propriété limité à dix ans, parce que l'affection, que
l'on a pour ses descendants est plus vive que celle
que l'on porte à ses ascendants et à ses collatéraux.
Telle est la raison que l'on donne de ce délai moindre
qui ne nous satisfait pas. Nous regrettons qu'il ne
soit pas égal pour tous les héritiers : il naîtrait de là
une certitude plus grande dans les transactions, et
les tiers, qui connaîtraient la date de la mort d'un

auteur, n'auraient pas à s'inquiéter de la qualité de ses héritiers, puisque la propriété littéraire prendrait fin pour tous à la même époque.

La femme de l'auteur, avant le décret de 1810, n'avait, comme tous les autres héritiers, qu'une jouissance de dix ans; depuis ce décret, elle a un droit qui peut s'étendre à sa vie entière. L'article 39 du décret parlé de la veuve. Si la femme était auteur, son mari n'aurait-il pas, en tant que ses conventions matrimoniales lui donneraient ce droit, jouissance toute sa vie? Il nous semble que oui.

Les mêmes raisons existent en faveur du mari comme en faveur de la femme, et nous ne saurions tenir le décret de 1810 pour exclusif; il a voulu étendre la loi de 1793, et procédant par ce qui est en usage, de *eo quod plerumque fit*, il n'a nommé que la femme.

Les cessionnaires tiennent leurs droits de la convention des parties et aussi de l'article 40 du décret de 1810: selon qu'ils ont traité avec l'auteur ou avec ses ayants cause, ils auront une jouissance plus ou moins longue. L'auteur peut céder son œuvre pour sa vie, celle de sa femme, s'il remplit la condition de l'article 39, les vingt ans de ses enfants, les dix ans de ses collatéraux; mais il faut que nous le disions; cette cession sera toujours éminemment aléatoire. Si je fais cession du temps pendant lequel je vivrai, et si je viens à mourir le lendemain, mon cessionnaire aura fait un triste marché, de même si je cède en présence des enfants que j'ai au jour de la cession, pour le temps qui m'est départi à moi et à mes ayants cause, et si au jour de la mort, ils n'existent plus, la jouissance de l'éditeur cessionnaire sera plus courte qu'il ne l'espérait alors qu'il contractait. Nous pensons du reste, qu'en aucun cas, l'éditeur n'aurait une action en restitution, pour une cession qui lui aurait été faite des droits de l'auteur et de ceux de ses ayants cause, que s'il venait argumenter de ce qu'il a dû compter en présence de la famille de l'auteur, au moment du contrat sur une jouissance plus longue, et dire qu'il a été trompé dans ses espérances, que dès lors la cause de son obligation n'existe pas ; il serait repoussé par cette seule raison, qu'il savait bien que, quand il stipulait la jouissance exclusive et aussi longue que celle de l'auteur et de ses ayants cause, il tentait le sort, il s'exposait à être malheureux ou heureux dans les suites de sa convention. Nous venons de voir les mauvaises chances, qu'on invoque dans le système, voyons maintenant les bonnes qu'on passe sous silence.

Nous disions tout à l'heure que le droit des cessionnaires allait à vingt ans, ajoutons qu'il peut aller plus loin : Un ouvrage a été publié par plusieurs auteurs ; un d'eux cède son droit et celui de ses ayants cause à un tiers ; peu après cette cession, l'auteur meurt, les collaborateurs lui survivent ; eh bien, ce n'est qu'à la mort du dernier auteur que va commencer la seconde période, celle des héritiers ; par conséquent, dans le cas actuel, le cessionnaire obtiendra plus qu'il ne croyait. Ce n'est qu'une hypothèse, peut-on nous dire : c'est vrai, mais c'est une hypothèse qui vaut bien celle de nos contradicteurs, puisque le fait s'est présenté devant les tribunaux : et nous n'avons pas rencontré dans les arrêts, d'exemples de cette

mauvaise fortune, que produit avec tant d'intérêt
l'opinion adverse.

Le décret de 1810, que nous avons déjà rencontré
plusieurs fois, donne lieu à une question des plus
graves : Les contrats de cession passés avant ce décret, sous l'empire de la loi de 1793, comprennent-
ils l'extension de jouissance, départie par le décret de
1810? Dans le sens de l'affirmative, on commence à
assimiler la propriété littéraire à la propriété ordinaire, et on dit : Si un champ avait été vendu, l'a-
cheteur, devenu propriétaire, n'aurait-il pas couru
seul toutes les chances de bonne ou mauvaise fortune? Tout le monde tiendrait ici pour l'affirmative.
Eh bien! n'en doit-il pas être de même pour une
œuvre littéraire soumise à un droit de propriété qui
ne diffère que par la durée de celui qu'on a sur un
champ?

Puis, quittant cet argument d'analogie et examinant
de près la convention en elle-même, on se demande
quelle a pu être l'intention des parties contractantes?
Évidemment de céder la pleine propriété de l'œuvre,
et il n'est pas douteux, ajoute-t-on, que l'auteur, si le
décret de 1810 eût existé, n'eût cédé encore la pro·
longation de délai. De plus, il faut voir quelles personnes sont en jeu et se rappeler qu'aux termes de l'article 1135, les conventions obligent non-seulement à
ce qui est exprimé, mais encore à toutes les suites que
l'équité, l'usage ou la loi donnent à l'obligation d'a-
près sa nature; or, nous rencontrons ici un auteur
qui aliène tous ses droits sur son œuvre, un éditeur
qui les acquiert tous, parce que ce droit exclusif qui
lui donne le marché pour la vente de l'ouvrage qu'il

va éditer le lui assure longtemps encore après l'ex-
tinction du droit de propriété ; qu'en tout cas s'il n'a
plus le marché à lui seul, il pourra le disputer avec
succès aux autres éditeurs ; c'est là une des suites que
l'équité, l'usage, la loi même assurent à ces sortes
de contrats ; sera-t-elle détruite, enlevée dans le cas
qui nous occupe, et le cessionnaire verra-t-il lui
échapper pendant dix ans la vente de l'ouvrage qu'il
a édité, verra-t-il disparaître tous ces acheteurs qui
avaient coutume de s'adresser à lui et qui prendront
l'habitude de s'adresser ailleurs, si bien qu'au jour
où le marché deviendra public, il sera dans l'impos-
sibilité même de faire concurrence? Tout au plus
pourrait-on demander au cessionnaire une augmen-
tation de prix et encore serait-ce injustice, car le
cessionnaire est devenu propriétaire; à ce titre, il est
soumis à toutes les éventualités qui frappent un propriétaire ordinaire. Enfin, si tous les contrats sont
mêlés d'aléatoire, il faut reconnaître que la cession
littéraire est de sa nature essentiellement aléatoire,
et que dès lors tous les faits postérieurs à la cession ne
doivent donner de recours à aucune des parties. Entre
cette opinion et celle de la négative, nous opterions
sans hésiter pour la seconde; et d'abord son argument d'analogie ne vaut rien, parce que s'il y a iden-
tité complète entre la propriété littéraire et la propriété ordinaire, il y a cependant une différence entre
elles deux, c'est la durée de la première, limitée
comme nous savons. Or, c'est précisément cette différence qui fait naître la question que nous agitons.
Sans doute, si au moment du contrat la propriété
était perpétuelle et qu'on en fît une cession indéfinie,

on pourrait raisonner comme on le fait, mais il n'en était pas alors ainsi. La loi de 1793 déclare que les héritiers auront un droit de propriété qui durera dix ans : sous l'empire de cette loi nous faisons une convention, quelque généraux que soient les termes dans lesquels notre convention est conçue, elle ne comprend que les choses sur lesquelles il paraît que les parties se sont proposé de contracter; voilà l'interprétation que l'article 1163 donne à l'acte que nous venons de faire : or, sur quoi les parties se sont-elles proposé de contracter? sur un droit de propriété qui pouvait se continuer dix ans au plus après la mort du *de cujus*, mais qui pouvait tomber le lendemain de la convention, et non pas sur une extension peu probable et imprévue! Telle fut l'intention des parties. On peut, nous le savons, la présumer chacun pour soi, mais n'est-il pas toutefois plus raisonnable de dire, qu'au jour du contrat, les parties ont traité sur les droits qu'elles savaient leur appartenir; que de supposer qu'elles ont agi sur ce qu'elles avaient et encore sur ce qu'elles n'avaient pas, ce qu'elles ne devaient pas espérer! Du reste, le décret de 1810 a introduit un droit nouveau en faveur de certaines personnes, un droit qui n'a d'existence qu'à partir du décret et qui ne peut profiter qu'à ceux pour qui il a été établi. Ah! si l'éventualité d'une prolongation de droit de propriété avait été stipulée! Je comprendrais le système adverse, je le suivrais. Alors on pourrait dire : il y a eu contrat à cet égard et contrat très-valable, car l'art. 1130 porte que les choses futures peuvent être l'objet d'une obligation; mais

en l'absence de cette clause expresse, il faut voir
sur quoi les parties ont pu contracter ; ce sur quoi ils
ont contracté ; il n'est pas douteux qu'ils ne l'aient
fait sur la propriété littéraire, régie par la loi de
1793. La considération de fait me toucherait vivement si je la croyais fondée, s'il était vrai que l'éditeur dût perdre le droit d'émettre les éditions publiées
et perdre par là ses acheteurs habituels ; mais il n'en
sera pas ainsi. L'éditeur est plus à même que tout
autre de mettre en circulation, de la façon la plus
avantageuse, l'œuvre dont il a eu la propriété, il
traitera avec l'ayant cause de l'auteur, et continuera
comme par le passé, ou dans telle condition qu'il se
sera faite par son nouveau traité, à publier l'ouvrage
en question, ainsi tout sera satisfait : l'équité et
la loi.

On pourrait dire cependant, sur ce décret de 1810,
qu'il ne s'applique qu'aux ouvrages encore dans les
mains de l'auteur ou des personnes privilégiées qu'il
favorise, à l'instant où il parut ; que pour tous les
ouvrages aliénés, il ne peut être question de l'extension accordée par son article 39, qu'en effet l'auteur
dessaisi ne peut plus asseoir cette extension sur une
chose qui n'est plus dans son patrimoine et que les
créanciers ne peuvent pas invoquer le bénéfice du
décret qui n'a été porté qu'au profit de certaines personnes, la veuve et les héritiers. Ce qui semble faire
croire que cette solution serait la bonne c'est que le
législateur déclare, et en cet art. 40, il applique à la
propriété littéraire le principe posé en l'art. 1122
(C. N.) : les auteurs... peuvent céder leur droit à un
imprimeur ou libraire ou à toute autre personne qui

est alors substituée en leur lieu et place, pour eux et leurs ayants cause, comme il est dit à l'article précédent. Donc, il peut céder sa propriété augmentée du délai, imparti par le décret de 1810; mais pour faire cette cession complexe, il faut qu'il soit encore propriétaire; s'il ne l'est plus, il ne peut pas la faire, il ne peut pas davantage invoquer le décret de 1810.

Les personnes juridiques perpétuelles, comme l'académie, l'État conservent-elles à jamais la propriété de leurs œuvres? En présence de la loi de 1793, nous ne comprenons pas qu'il puisse y avoir sujet à controverse.

M. Renouard, sur cette question, conclut comme nous pour l'État, quant à l'académie, aux sociétés savantes, il prononce la transmission au domaine public, à l'instant où meurt le dernier des membres de l'académie ou de la corporation qui existaient lors de la publication: c'est là dans notre pensée une transmission opérée d'une manière arbitraire. Le décret du 1er germinal an XIII déclare que l'héritier qui fait la publication est substitué à l'auteur: dans la pensée du législateur, c'est celui qui édite un ouvrage qui rend service à la société, qui doit en jouir, l'article 6 déclare que toute personne qui met au jour pourra poursuivre, *sous la condition de déposer deux exemplaires* (L. de 1793). Cet article ne dit pas, « l'auteur qui ». Dans une société savante, l'auteur c'est un des membres, c'est peut-être un étranger; mais l'éditeur, celui qui met l'œuvre en circulation, c'est la société, c'est l'académie, c'est elle qui sera soumise au dépôt, c'est en son nom qu'on poursuivra les contrefacteurs, c'est donc elle qui doit jouir tant qu'elle subsiste; or comme sa durée est indéfinie, sa jouissance l'est également. Un jurisconsulte a fixé sans pouvoir l'établir légalement, un délai de trente ans au profit de l'État, c'est là une solution, qui nous paraît démentie de tout point, par les principes généraux et par la loi de la matière, nous nous contentons de l'énoncer.

Ici encore nous rencontrons une lacune dans la législation, qui n'existerait plus si les principes de l'expropriation du droit commun étaient transportés ici. Plusieurs législations étrangères sont plus avancées que nous sur cette question des académies, des universités; elles l'ont traitée, mais, disons-le, d'une façon arbitraire, qui se révèle dans les différents délais de jouissance accordés dans les divers pays où la question est prévue.

La loi de la Prusse, le pays qui a montré le plus d'intérêt aux auteurs, leur accorde, quand elles sont autorisées, une jouissance de trente ans.

La loi autrichienne en accorde une de cinquante ans, quand les académies ou universités sont placées sous la garantie de l'État; une de trente ans seulement aux autres sociétés.

L'Espagne garantit à l'État et aux corps scientifiques une propriété de cinquante ans.

Nous connaissons maintenant la propriété littéraire, voyons quelles sont les conditions à remplir pour qu'elle ne demeure pas un droit inefficace.

DU DÉPOT.

La condition unique est la formalité du dépôt.
Son usage remonte très-haut et vient à nous avec
une destination toute contraire à celle de nos jours.
Il avait pour but d'empêcher, « s'il survenait quelque
événement calamiteux aux lettres, que la postérité
n'eût plus le moyen de réparer cette perte. » C'est
du moins la cause honorable que François Ier donne
de l'obligation où il met Néobar de déposer à sa bibliothèque un exemplaire de toutes les premières
éditions grecques qu'il publiera. L'édit où apparaît
avec tant d'intelligente efficacité la bienveillante protection du roi de France, est du 17 janvier 1538;
c'est celui qui confère à Néobar le titre d'imprimeur
royal pour le grec. Du reste, nous devons dire que la
Grèce conservait aussi les ouvrages composés, et
qu'à Rome Auguste érigea sur le mont Palatin un
temple à Apollon, où il mit une bibliothèque destinée à recevoir les ouvrages les plus remarquables,
et à leur assurer l'avenir.

Ce n'était là encore qu'une sorte de convention
passée entre le roi et son imprimeur, une espèce de
condition imposée en retour du titre *privilégié* qu'il
lui était permis d'apposer sur ses livres et au fronton
de sa boutique. Ce n'était pas encore une loi générale qui s'étendît à toutes les productions de l'époque.
Louis XIII, par un édit de 1617, imposa dans ce but
aux libraires imprimeurs l'obligation de déposer
deux exemplaires de chaque ouvrage qu'ils publie-
raient. Dès lors on n'avait plus rien à craindre du
temps.

Sous Louis XV parut le fameux règlement que rédigea d'Aguesseau, et où nous retrouvons l'obligation du dépôt, mais cette fois accompagné d'une sanction. Le passage qui s'en occupe est conçu dans les termes suivants : « Cinq exemplaires de chaque ouvrage seront remis; savoir : deux pour la bibliothèque de Sa Majesté, un pour le cabinet du Louvre, un pour M. le garde des sceaux, et un pour le censeur qui a lu l'ouvrage. Trois autres exemplaires seront remis aux syndics pour être employés aux affaires et besoins de ladite communauté. Sous peine de nullité du privilége, confiscation des exemplaires. »

La loi de 1793 a maintenu le dépôt, mais en lui donnant une raison d'être toute différente de celle qu'il avait par le temps passé. Son article 6 est ainsi conçu : « Tout citoyen qui mettra au jour un ouvrage, soit de littérature ou de gravure, dans quelque genre que ce soit, sera obligé d'en déposer deux exemplaires à la Bibliothèque nationale et au Cabinet des estampes de la République, dont il recevra un reçu signé par le bibliothécaire; faute de quoi il ne pourra être admis en justice pour la poursuite des contrefacteurs. »

On le voit, il ne s'agit plus ici d'enrichir la bibliothèque du pays, de conférer à la postérité les fruits des travaux d'une époque tout entière : il s'agit pour l'État de donner une date à l'ouvrage, dont on lui dépose quelques exemplaires; pour l'auteur d'obtenir le secours de la loi dans la lutte qu'il peut avoir à soutenir contre des contrefacteurs. Constatons que le résultat, au point de vue moral, intellectuel, sera absolument identique, et même que les siècles à venir seront plus assurés d'avoir tous nos travaux, par cet intérêt qu'on a donné à la remise de plusieurs exemplaires.

Les législations étrangères qui ont admis chez elles le dépôt, y ont attaché la même efficacité que celle que nous lui avons donnée. Nous nous contenterons de citer à cet égard la loi portugaise, qui dit en son art. 4, tit. V : « Les extraits de ces registres (ce sont ceux des bibliothécaires publics) serviront de titres légaux pour prouver la propriété d'une œuvre achevée, et pour poursuivre en justice les contrefacteurs. »

La formalité du dépôt est imposée à tous les ouvrages qui, par leur nature, sont susceptibles de prendre place dans une bibliothèque ; pour ceux-là, si elle n'est pas remplie, il y a déchéance du droit de poursuite. Mais elle n'est pas imposée aux ouvrages qui restent à l'état de manuscrits ou qui n'ont pas été imprimés, comme les leçons de professeurs.

Nous ne devons pas oublier de dire, que le dépôt ne décide pas la question de propriété, celle-ci est indépendante de cette formalité, mais seul, il donne ouverture à l'action en contrefaçon. Après la législation de 1793, il faut citer le décret de 1810 et la loi du 21 octobre 1814.

Le décret de 1810 a imposé à chaque imprimeur l'obligation de déposer à la préfecture de son département, et à Paris à la préfecture de police cinq exemplaires au lieu de deux.

La loi de 1814 est revenue au nombre de deux exemplaires, qui doivent être portés à Paris au mi-

nistère de l'Intérieur, dans les départements, au se-
crétariat de la préfecture. Cette loi de 1814 dispense
évidemment du dépôt qu'exigeait autrefois la loi de
1793 à la bibliothèque nationale: cependant jusqu'en 1834, on a enseigné le contraire. Depuis l'arrêt
de la Cour de cassation qui date de cette époque,
tous les jurisconsultes se sont rangés à l'opinion que
nous avons suivie.

SANCTION DU DROIT DE PROPRIÉTÉ.

En déterminant le caractère du dépôt, nous sépa-
rions avec soin le droit de poursuite auquel l'accomplissement de cette formalité donne ouverture, de la
propriété elle-même, préexistante au dépôt et tout
à fait distincte de lui, nous avons défini le droit de
propriété et analysé ses conséquences; il nous reste
maintenant à voir comment ce droit obtient protection légale. Il résulte en effet de la reconnaissance
que nous avons faite à l'auteur du droit le plus complet de tous et le plus absolu sur l'œuvre de son esprit, que toute personne qui porte atteinte à l'exercice de ce droit est coupable d'attentat à la propriété,
peut et doit être poursuivie pour ce fait. C'est au
reste ce qui a lieu.

L'usurpation même la plus minime s'appelle contrefaçon, et celui qui se la permet, contrefacteur.
Nous ne parlerons pas du plagiaire, qu'il ne faut pas
confondre avec le contrefacteur, que pour dire qu'à
notre point de vue, il doit tomber sous le coup des

peines portées contre la contrefaçon; que cette expression de contrefaçon ne doit pas être prise dans
le sens vulgaire et restreint qu'elle a coutume d'a-
voir, mais qu'elle doit être entendue ainsi que l'en-
tend du reste la loi portugaise, comme constitutive
de tout délit, de toute violation commise contre la
propriété littéraire; lorsque ce délit, cette violation
sont de nature à porter préjudice à l'auteur, et nous
ne pensons pas que le plagiat perde son nom et son
caractère du moment où le dommage prend naissance. Une fois l'usurpation constatée, le préjudice
reconnu, il y a indemnité à accorder, peine à appliquer.

L'art. 425 du Code pénal est ainsi conçu : « Toute
édition d'écrits, de composition musicale, de dessin,
de peinture ou de toute autre production imprimée
ou gravée en entier au mépris des lois et règlements
relatifs à la propriété des auteurs, est une contrefaçon ; toute contrefaçon est un délit. »

Il ne faut pas croire que ces deux mots, *imprimer*
ou *graver* soient restrictifs, ils nous paraissent être
indicatifs, et la signification qu'on doit leur donner
nous paraît très-certainement indiquée par le mot
édition, au même article, qui marque évidemment
toute mise au jour, que fait un contrefacteur au mépris des droits d'un auteur; la jurisprudence et les
auteurs sont unanimes sur ce point : impression de
leçons orales, réimpression d'un ouvrage imprimé,
autographie, lithographie, traduction d'un ouvrage publié en France constituent autant de contrefaçons. Sur notre dernière énonciation, il y a
controverse et des plus vives. Pour établir la néga-

tive, on cherche à prouver qu'il n'y a pas de reproduction, et pas de préjudice. La traduction, dit-on, mais c'est une œuvre originale de sa nature, c'est une copie qu'il est dans notre droit à tous de prendre absolument comme nous pouvons tous nous placer en face de la nature, et la traduire avec nos moyens, notre manière de voir ; la traduction, mais c'est une interprétation que l'on peut juger, mais que l'on ne saurait assimiler au plagiat, ni à la contrefaçon ; mais c'est peut-être un chef-d'œuvre incomparable qui vaudra mille fois l'œuvre originale ; et si on abandonne ce point de vue où l'on se croit si fort, et si on examine la question du préjudice, ne se croit-on pas fondé à dire, qu'il n'existe pas, que l'ouvrage traduit s'adresse à une classe de lecteurs qui n'est pas celle de l'ouvrage primitif, et que par conséquent on ne peut argumenter de la perte que son apparition va causer ; enfin, qu'en droit, on comprend bien la protection de la loi assurée aux ouvrages écrits en langue française, mais qu'on ne la conçoit pas étendue à une traduction, que pour admettre cette intention de garantie, il faudrait la trouver dans la loi, et que la loi est muette à cet égard : on va même plus loin dans ce système, on prétend que l'auteur doit souvent à une traduction d'être connu dans plusieurs pays et par des populations entières ; qu'à voir les choses de près, l'auteur est en reste avec le traducteur. Nous ne saurions admettre qu'il en soit ainsi ; le traducteur cause à l'œuvre originale un véritable préjudice, car il lui prend certainement des lecteurs et tout au moins lui enlève-t-il la possibilité de le faire traduire comme il lui eût été facile de le

faire ; en elle-même, la traduction est une véritable
contrefaçon ; elle emprunte à l'œuvre originale son
titre, ses idées, sa méthode, ses mots, sa ponctua-
tion ; tout en un mot sauf l'idiôme, et parfois d'une
façon malheureuse ; car « la plupart des traducteurs,
dit madame de Sévigné, ressemblent à ces valets
grossiers, qui font dire à leurs maîtres le contraire
de ce qu'ils ont voulu dire. » La traduction n'a rien
qui lui soit propre, rien de spontané, et a d'autant
plus de prix et de succès qu'elle est la reproduction
plus fidèle et plus exacte de l'ouvrage modèle ; c'est
le plan froid et sans vie levé à la main des morceaux
les plus brûlants, les plus animés : aussi la traduction
n'est jamais un chef-d'œuvre ; car pour cela il faudrait qu'elle oubliât l'expression de l'auteur pour
s'inspirer seulement de son langage et de sa pensée,
alors elle cesserait d'être une traduction ; Fénelon et
Racine se sont inspirés, ils n'ont pas traduit, et ce
ne sont pas là deux choses qui se confondent, le bon
la Fontaine le sent et le dit à merveille ; écoutons-le :

> Mon imitation n'est point un vil servage,
> Je ne prends que l'idée et les tours et les lois
> Que nos maîtres suivaient eux-mêmes autrefois.
> Si d'ailleurs quelque endroit, plein chez eux d'excellence,
> Peut entrer dans mes vers sans nulle violence
> Je l'y transporte et veux qu'il n'ait rien d'affecté,
> Tâchant de rendre mien cet air d'antiquité.

Le procédé que la Fontaine déclare à Huet être le
sien, est-il celui du traducteur ? évidemment non.

Quant au législateur qu'on fait parler en faveur de
la négative, il a dit en l'art. 1 de la loi de 1793 que l'auteur avait un droit exclusif sur la chose. Il faut décla-

rer qu'il n'a pas dit vrai ; et l'on peut alors admettre l'opinion contraire à la nôtre. Quant à l'article 425 du Code pénal, il déclare que toute édition faite au mépris des lois et règlements est une contrefaçon ; n'est-ce pas déclarer que toute usurpation est frappée par cet article qui forme le complément de l'article 1 de la loi de 1793 qu'il sanctionne.

La reproduction, qui n'est pas faite dans un but de spéculation, tombe par conséquent sous le coup de l'art. 425 ; exiger cette condition serait rendre le droit de propriété littéraire inefficace, illusoire ; ce serait de plus, résultat éminemment regrettable, sanctionner le vol de la chose d'autrui. Aussi tenons-nous pour fondé sur des motifs faux et sans valeur l'arrêt de 1829 qui se prononce pour la nécessité du fait de spéculation dans le délit de contrefaçon.

Tout propriétaire d'une œuvre littéraire peut poursuivre les contrefacteurs ; et de plus, comme aux termes de l'art. 425 du Code pénal, la contrefaçon est un délit, le ministère public peut poursuivre sans y être provoqué ; il peut même, il doit d'office poursuivre la contrefaçon d'un ouvrage dont l'État est propriétaire.

L'action, pour être intentée utilement, doit l'être dans les trois ans si elle est portée devant les tribunaux correctionnels, dans les trente ans, si elle l'est devant les tribunaux civils.

Lorsque l'action est portée devant les juges civils, ceux-ci ne peuvent prononcer que les réparations indiquées en la loi de 1793, les juges correctionnels ont seuls qualité pour prononcer cumulativement les peines des articles 425 et 429, et les réparations civiles.

Aux termes de l'art. 429, le produit des confiscations et des recettes confisquées doit être remis au propriétaire pour l'indemniser d'autant du préjudice souffert; au cas bien entendu où le propriétaire s'est portée partie civile, car si la contrefaçon est poursuivie à la requête du ministère public, l'amende doit être prononcée au profit de l'État; mais nous croyons que dans les deux cas l'amende doit arriver au propriétaire contrefait, l'art. 429 du Code pénal est très-explicite en sa faveur.

A côté du délit de celui qui opère la contrefaçon, vient se placer celui du débitant, ce que le législateur du Code pénal n'a pas confondu plus que celui de 1793 : d'après la loi de 1793, le débitant devait payer au véritable propriétaire une somme équivalente au prix de cinq cents exemplaires; le Code pénal prononce une amende qui ne peut excéder cinq cents francs, et la confiscation des ouvrages contrefaits : il suffit que chez un marchand, on trouve des exemplaires contrefaits pour qu'il y ait lieu d'appliquer les dispositions que nous venons d'examiner.

JURIS ROMANI POSITIONES.

I. Possessio non admittitur nisi animo et corpore.

II. Ususfructus in his tantum rebus constitui potest, quæ sustineant repetitum usum.

III. Pignoris capio non omnibus dabatur.

IV. Periculosa est quam maxime rei vindicatio.

V. Bonæ fidei possessor eos tantum fructus restituere debet superstites.

VI. Nunquam bonæ fidei possessor pro servo qui fugit conveniri potest, nisi qui fugientem juverit.

VII. Heres per vindicationem, ut ipse defunctus, conveniendus est.

VIII. Non eodem modo tenetur, qui culpa aut qui dolo quidquam admisit.

IX. Errat Paulus, cum denegat ei qui dolo fecit, quas actiones petitor habet. Recte dicit Marcellus eas cedendas in lege duodecima de re judicata.

X. Julianus et Paulus dissentiunt in titulo rei vindicationis cum de servis loquuntur, qui sunt ejusdem nominis plures.

DROIT FRANÇAIS.

I. La représentation constitue bien une fiction.

II. On peut d'avance stipuler l'intérêt d'années à échoir.

III. La séparation des patrimoines est un privilége.

IV. L'ordre des priviléges mobiliers est celui des articles spéciaux.

QUESTIONS SUR LA MATIÈRE DE LA THÈSE.

I. La possession d'un manuscrit équivaut à un titre pour le détenteur.

II. Une femme ne peut publier un ouvrage sans l'autorisation de son mari.

III. Les créanciers d'un auteur peuvent poursuivre la vente de ses manuscrits.

IV. Les lettres ne peuvent être publiées que de l'accord du destinataire et de son correspondant.

V. Les contrats de cession passés avant le décret de 1810 font perdre au cédant le bénéfice du décret et ne le transportent pas au cessionnaire.

VI. Les enfants naturels reconnus ont droit à une jouissance de vingt ans aux termes du décret de 1810.

DROIT DES GENS.

I. La contrefaçon, à défaut de conventions internationales, est licite.

II. Il n'y a pas délit d'introduction d'ouvrage contrefait dans le passage que doit effectuer une cargaison destinée à d'autres pays.

HISTOIRE DU DROIT.

I. A Rome, les auteurs ne vendaient pas leurs livres.

II. Sous l'ancienne monarchie, la propriété littéraire était reconnue et consacrée par le privilége.

DROIT CRIMINEL.

I. La traduction constitue un délit, puni par l'article 425 du Code pénal.

II. Dans un ouvrage composé par plusieurs, où la part de chacun est indiquée et signée séparément, la poursuite en contrefaçon ne peut être intentée que par l'auteur, dont la partie a été contrefaite.

Vu par le doyen :

C. F. PELLAT.

Vu par le recteur de l'Académie de la Seine, le 15 octobre 1852.

CAYX.

PARIS. — IMPRIMÉ PAR E. THUNOT ET Cⁱᵉ,
Rue Racine, 26.

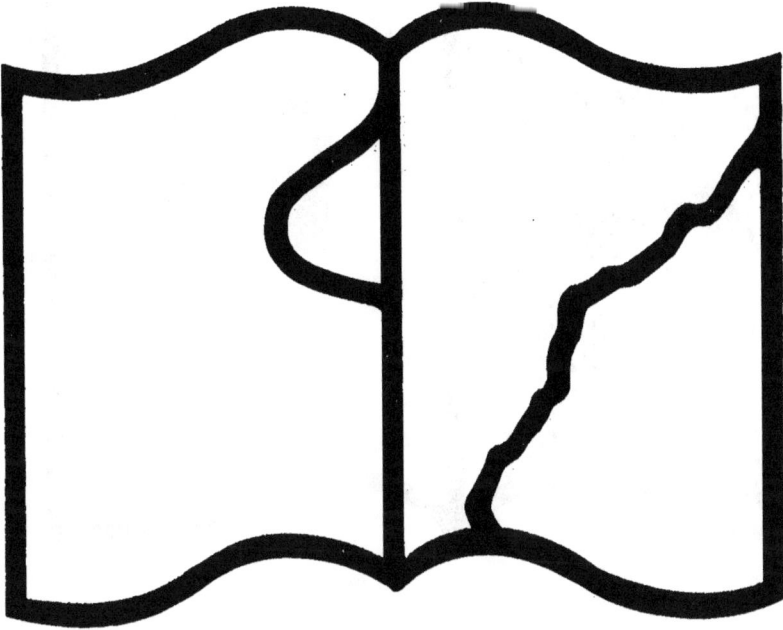

Texte détérioré — reliure défectueuse

NF Z 43-120-11

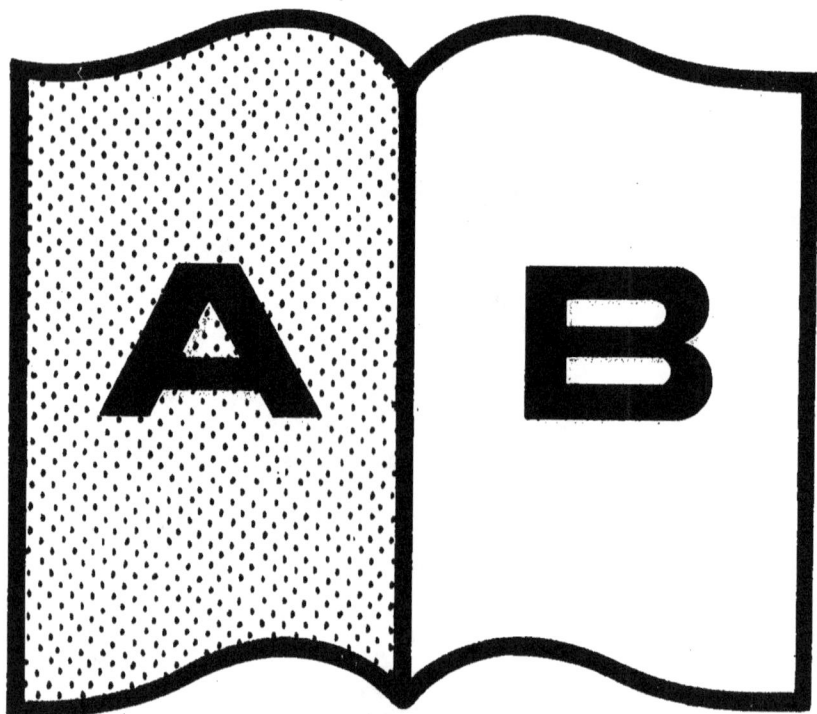

Contraste insuffisant

NF Z 43-120-14